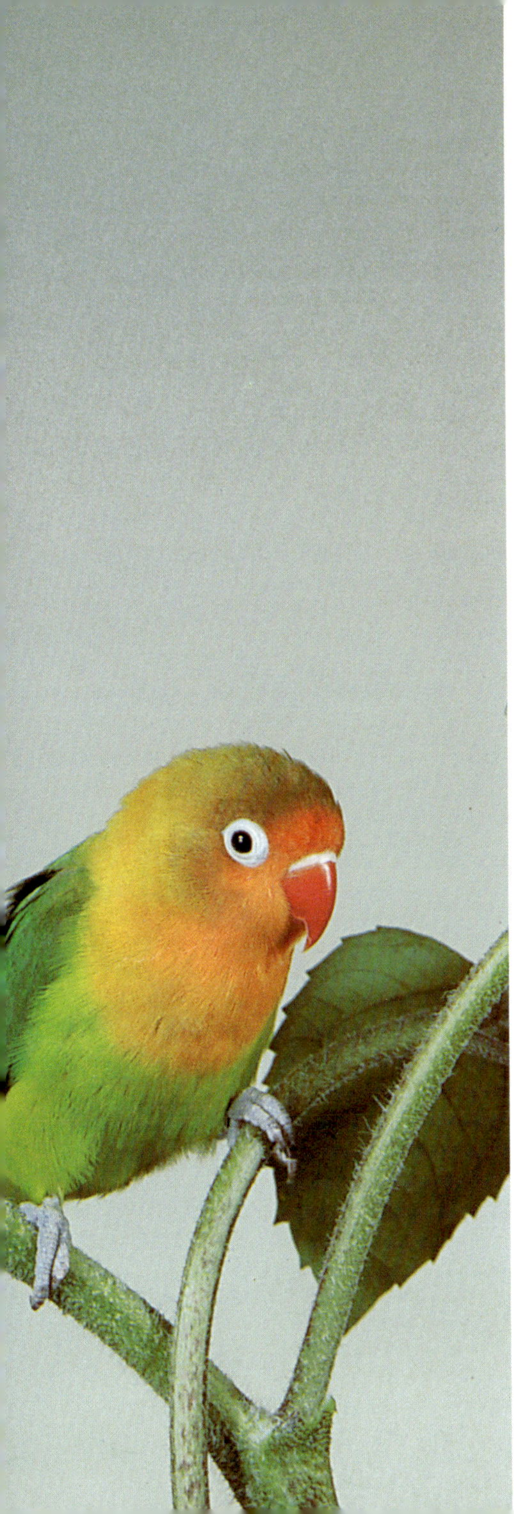

Kurt Kolar

Unzertrennliche Agaporniden

richtig pflegen und verstehen

Experten-Rat für die artgerechte Haltung

Farbfotos: Uwe Anders und andere bekannte Tierfotografen

Zeichnungen: Fritz W. Köhler

GU GRÄFE UND UNZER

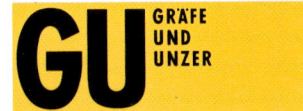

Inhalt

Agaporniden kennenlernen 4
Ein Vogelleben lang unzertrennlich 4
Schwarzköpfchen, Rosenköpfchen & Co. 4
Kleine Papageien-Anatomie 4
Das Wesen der Unzertrennlichen 6
Passen Agaporniden in Ihr Leben? 7

Tips zum Vogelkauf 9
Plädoyer für nachgezüchtete Agaporniden 9
Wichtiges über Artenschutz 9
Warnung vor der Einzelhaltung 9
Wo Sie Unzertrennliche bekommen 10
Formalitäten beim Kauf 10
So erkennt man einen gesunden Vogel 11
Alter beim Kauf 11
Die Vögel gut nach Hause bringen 12

Die ideale Unterbringung 14
Der richtige Käfig 14
Die Zimmervoliere 14
Die Gartenvoliere 15
Standort für Käfig und Zimmervoliere 16
Temperatur und Luftfeuchtigkeit 17
Praxis: Ausstattung 18

Eingewöhnung, Haltung und Pflege 20
Unzertrennliche an ihr neues Heim gewöhnen 20
Wie Agaporniden den Tag verbringen 20
Freiflug in der Wohnung 21
Zimmerpflanzen 22
Das Einfangen 22
Gefahren für Agaporniden (Tabelle) 23
Beschäftigung für Unzertrennliche 24
Die Pflege der Volierenvögel 24
Pflegeplan für Käfig und Zimmervoliere 26
Wohin mit den Vögeln zur Urlaubszeit? 26

Die richtige Ernährung 27
Körner als Grundnahrung 27
Tips für selbstgemischtes Körnerfutter 28
Körnerfutter im Fruchtstand 29
Praxis: Frischkost 30
Obst und Grünfutter 32
Vitamine und Mineralstoffe 32
Trinkwasser 32
Sand als Verdauungshilfe 32
10 wichtige Fütterungsregeln 33

Was tun, wenn ein Vogel krank wird? 34
Krankheitsanzeichen erkennen 34
Krankheiten, die häufiger vorkommen 34
Die Mauser 38

Vorhergehende Doppelseite:
Die beiden Pfirsichköpfchen und das Schwarzköpfchen machen sich über die reifen Körner einer Sonnenblume her.

Zur Zeichnung:
Die gegenseitige Gefiederpflege ist bei Unzertrennlichen besonders ausgeprägt.

Vorwort

Nachwuchs bei Unzertrennlichen 39
Keine Papageienzucht ohne Genehmigung 39
Wie kommt man zu Zuchttieren? 39
Die notwendigen Vorbereitungen 40
Nestbau und Paarung 41
Eiablage und Brut 41
Praxis: Brut 42
Schlüpfen und Aufzucht der Jungen 44
Probleme bei der Zucht 44

Unzertrennliche verstehen lernen 46
Das können Sie beobachten 46
Typische Fähigkeiten 47
Der natürliche Lebensraum 47
Das Sozialverhalten 48
Das Nest – Brutstätte und Zufluchtsort 50
Natürliche Feinde 50

Agaporniden-Arten – Steckbriefe mit Pflegetips 51
Arten mit weißem Augenring 54
   Schwarzköpfchen 54
   Pfirsichköpfchen 54
   Rußköpfchen 55
   Erdbeerköpfchen 55
Arten ohne weißen Augenring 58
   Rosenköpfchen 58
   Bergpapagei, Taranta-Papagei 58
   Grauköpfchen 59
   Orangeköpfchen 60
   Grünköpfchen 60

Arten- und Sachregister 62
Adressen und Literatur 63
Wichtige Hinweise 63

Nicht umsonst nennt man Agaporniden auch Unzertrennliche, denn diese muntern kleinen Papageien halten ihrem einmal erwählten Partner lebenslang die Treue. Aus diesem Grund kann man sie nur paarweise halten.
Wer sie artgemäß hält, erlebt ein Ehe- und Familienleben aus der Vogelwelt, das teilweise fast menschliche Züge aufweist – auch bei Agaporniden liegen Zuneigung und Streit dicht beieinander. In diesem aktualisierten, verbesserten und neu illustrierten GU Tier-Ratgeber erfahren Sie vom GU Papageien-Experten Kurt Kolar, worauf es bei der artgerechten Haltung ankommt. So sind zum Beispiel ein ausreichend großer Käfig und Freiflug im Zimmer Voraussetzungen dafür, daß diese bewegungsfreudigen Vögel ihr überraschend vielseitiges Verhaltensrepertoire zeigen. Anschaulich schildert der Autor, wie man die Vögel eingewöhnt, richtig ernährt und was zu tun ist, wenn ein Vogel krank wird. Wer Agaporniden züchten möchte, erfährt, welche Bedingungen er schaffen muß, damit das Vogelpaar brütet.
Im Steckbriefteil dieses GU Tier-Ratgebers beschreibt der Autor die bunte Palette der Agaporniden-Arten und ihre besonderen Ansprüche bei der Haltung. Kompetenter Rat, leicht verständliche Anleitungen – auch für den Anfänger in der Vogel-Haltung – brillante Farbfotos und informative Zeichnungen machen dieses Buch zu einem unentbehrlichen Ratgeber für alle Agaporniden-Halter.
Viel Freude mit Ihren Unzertrennlichen wünschen Ihnen der Autor und die GU Naturbuch-Redaktion.

Beachten Sie bitte die »Wichtigen Hinweise« auf Seite 63.

Agaporniden kennenlernen

Über die Lebensweise der Grünköpfchen ist bisher nur wenig bekannt. Selbst in ihrer afrikanischen Heimat ist es nicht gelungen, sie an ein Leben in der Obhut des Menschen zu gewöhnen.

Agaporniden eilt der Ruf voraus, als Heimtiere »pflegeleicht« zu sein.
Das trifft auch zu, wenn Sie den Grundbedürfnissen der Vögel gerecht werden, ihre Wesensart berücksichtigen und ihnen eine artgerechte Haltung bieten. Doch dazu müssen Sie die Agaporniden zunächst etwas näher kennenlernen.

Ein Vogelleben lang unzertrennlich
Unzertrennliche oder Agaporniden sind kleine Papageien, die in Afrika zu Hause sind. Sie leben – wie fast alle Papageien – gerne in Gesellschaft ihrer Artgenossen. Männchen und Weibchen dieser farbenprächtigen und temperamentvollen Vögel bleiben nach der Paarbildung das ganze Vogelleben lang zusammen. Solche »Ehepaare« sitzen fast immer eng aneinander gedrückt und putzen sich gegenseitig mit großem Eifer und liebevoller Hingabe das Gefieder. Dieser engen und ausdrucksvollen Paarbindung verdanken die kleinen Papageien ihre Namen Unzertrennliche und Liebesvögel. (In Frankreich nennt man sie »Inséparables« und im englischen Sprachraum ist die Bezeichnung »lovebirds« üblich.) Der Name Liebesvögel ist die Übersetzung des wissenschaftlichen Gattungsnamens *Agapornis*. (Griechisch: agape = Liebe; ornis = Vogel).

Schwarzköpfchen, Rosenköpfchen & Co.
Unzertrennliche werden der Familie der Kleinpapageien zugeordnet.
Hier sind neben den Spechtpapageien und den Bindenpapageien in der Unterfamilie *Loriculinae* die Unzertrennlichen (*Agapornis*) und die Fledermauspapageien (*Loriculus*) zu finden.
Agaporniden-Arten: Man unterscheidet 2 Gruppen: Arten mit weißem Augenring und Arten ohne weißen Augenring.
Arten mit weißem Augenring: Schwarzköpfchen (*Agapornis personata*, → Seite 54); Pfirsichköpfchen (*Agapornis fischeri*, → Seite 54); Rußköpfchen (*Agapornis nigrigenis*, → Seite 55) und Erdbeerköpfchen (*Agapornis lilianae*, → Seite 55).
Arten ohne weißen Augenring: Rosenköpfchen (*Agapornis roseicollis*, → Seite 58); Bergpapagei oder Taranta-Papagei (*Agapornis taranta*, → Seite 58); Grauköpfchen (*Agapornis cana*, → Seite 59), Orangeköpfchen (*Agapornis pullaria*, → Seite 60) und Grünköpfchen (*Agapornis swinderniana*, → Seite 60).
Hinweis: Im Steckbriefteil Seite 51 bis 60 finden Sie genaue Pflegeanleitungen für die einzelnen Arten.

Kleine Papageien-Anatomie
Als Angehörige der großen Ordnung der Papageien besitzen Unzertrennliche alle wesentlichen Merkmale dieser Vogelgruppe.
Der gekrümmte Schnabel ist das markanteste gemeinsame Kennzeichen. Durch seine besondere Beweglichkeit stellt er ein vielseitiges Werkzeug dar. Der Oberschnabel läßt sich durch ein eigenes Gelenk auch nach oben bewegen, der Unterschnabel kann wie ein Schlitten hin und her bewegt wer-

Unzertrennliche sollten auf keinen Fall einzeln gehalten werden, sondern immer paarweise. Einzeln gehaltene Vögel können niemals ihr ausgeprägtes Bedürfnis nach sozialem Kontakt ausleben. Der Mensch als Ersatzpartner müßte einem Einzelvogel sozusagen rund um die Uhr zur Verfügung stehen, mit ihm sprechen, sich mit ihm beschäftigen und ihm seine Zuneigung durch Gefiederkraulen zeigen.

Solch akrobatische Turnübungen sind bei Agaporniden an der Tagesordnung.

den – zum Enthülsen von Körnern also ein recht brauchbares Instrument. Alle Körner, von der kleinsten Hirse bis zu großen Sonnenblumenkernen, werden vor dem Verzehren von ihrer Hülle befreit. Dies ist für einen Vogel sehr wichtig, denn die Hülsen enthalten einen hohen Anteil an schwerverdaulicher Rohfaser. Somit ist durch die Schnabelarbeit schon eine wesentliche Vorbereitung zur späteren Verdauung getan. Außerdem wird der Schnabel als Kletterhilfe eingesetzt, und mit Hilfe des Schnabels wird auch das Zerkleinern und Zubereiten von Nistmaterial besorgt. Nicht zuletzt fungiert er – wie bei allen Vögeln – als Waffe.

<u>Die dicke Zunge</u> arbeitet mit den beweglichen Schnabelhälften zusammen. Sie hält die Körner in der richtigen Position und ist auch beim Trinken wichtig. Papageienzungen sind reich mit Tast- und Geschmackspapillen besetzt, sind also direkt ein Prüforgan.

<u>Der Papageienfuß</u> ist besonders gestaltet. Die vierte und erste Zehe zeigen nach rückwärts, und gemeinsam mit der nach vorne gerichteten zweiten und dritten Zehe greifen sie beim Klettern wie eine Zange zu. Manche Papageien-Arten können sogar Nahrungsbrocken oder andere Gegenstände damit halten, die Agaporniden können das aber nicht.

<u>Das Gefieder</u> setzt sich aus einem meist grauen, dichten Dunenkleid und den vorwiegend grünen Deckfedern zusammen. Neben der Schutzfunktion kommt bei den Arten ohne weißen Augenring den Rücken- und Bürzelfedern noch eine weitere Bedeutung zu: Nistmaterial wird zwischen den Federn eingeklemmt und so zum Nest transportiert.

Das Wesen der Unzertrennlichen

<u>Lebenslange Treue:</u> Agaporniden sind monogam; das heißt, sie bleiben mit dem einmal erwählten Partner lebenslang zusammen. Stirbt ein Partner, geht der verwitwete Vogel häufig eine neue Bindung ein (→ Seite 20).

<u>Gute Flieger:</u> Agaporniden haben relativ kurze Flügel, sie fliegen aber trotzdem ziemlich rasch und manövrieren auch sehr gut. Jedenfalls spielt bei diesen Papageien das Fliegen als Fortbewegungsweise eine größere Rolle als das Klettern. Im Tagesablauf fliegen Unzertrennliche in Freiheit täglich einige Kilometer, sie machen also jeden Tag viele tausend Flügelschläge. Diese Möglichkeit fehlt ihnen im Käfig, ja selbst in einer sehr großen Voliere. Es gibt für sie aber einen Weg, den aufgestauten Drang nach fliegender Bewegung abzureagieren. Die Vögel klammern sich fest an einen Ast und schwirren kräftig mit den Flügeln. Zwischendurch springen sie auf einen anderen Ast, um die Flugübungen fortzusetzen.

Das Füttern des Partners ist bei einem Agaporidenpaar das ganze Jahr über zu beobachten. Es dient unter anderem dazu, die Beziehung zu festigen.

Laute Stimme: Die für unsere Ohren nicht immer angenehmen hellen und scharfen Rufe mancher Arten dienen im natürlichen Lebensraum der Kontaktfindung der Partner, halten einen Schwarm zusammen und haben eine wichtige Warnfunktion. Lautstärke und die für unsere Ohren durchdringende Tonhöhe sind aus der Situation in freier Wildbahn zu verstehen. Die Rufe müssen von den Artgenossen oft über weite Entfernungen und trotz des Umgebungslärmes – Blätterrauschen, andere Tierstimmen – gehört werden.

Aggressivität: Trotz aller Freundlichkeit und Zärtlichkeit sind Unzertrennliche auch heftige Kämpfer, hart und erbarmungslos, wenn es gilt, einen fremden Artgenossen zu vertreiben. Meist beschränken sich die Auseinandersetzungen vor allem zwischen Ehegatten auf Schnabelgefechte, die nicht zu Verletzungen führen. Fremden Gegnern rücken sie stumm drohend, mit gestrecktem Hals und geöffnetem Schnabel an den Leib. Kommt es zum Kampf, stehen beide Kontrahenten Brust an Brust und hauen mit den Schnäbeln aufeinander los. Solche Gefechte dauern aber nicht lange. Bei ernsten Angriffen, auch auf artfremde Vögel, sind in erster Linie die Beine des Gegners das Ziel für den Schnabel. Wird in einer Gruppe ein unverpaarter Einzelvogel angegriffen, bleiben dagegen schwere, unter Umständen tödliche Kopfverletzungen nicht aus.

Passen Agaporniden in Ihr Leben?

Nicht nur das Wesen der Agaporniden spielt eine Rolle bei der Anschaffung, sondern auch ganz praktische Überlegungen:

1. Unzertrennliche können bei artgerechter Haltung zumindest 15 Jahre alt werden. Sind Sie bereit, so lange für sie zu sorgen?
2. Unzertrennliche gehören nicht zu den sprechbegabten Papageien.
3. Agaporniden sind keine Schmusetiere. Es sind Vögel, die die Umwelt ihres Besitzers mit bunten Farben und hellen Stimmen beleben und durch ihre interessanten Verhaltensweisen faszinieren. Kinder wünschen sich meist einen intensiven Kontakt zu ihrem Heimtier. Unzertrennliche sind dafür nicht geeignet.
4. Unzertrennliche sollten wegen ihrer angeborenen lebenslangen Paarbindung (→ Seite 4) nur paarweise gehalten werden.
5. Vögel verursachen Schmutz in der Wohnung. Durch die schwirrenden Flügelschläge werden leere Samenhülsen, vor allem aber kleine Federn aus dem Käfig geweht.
6. Die tägliche Versorgung der Vögel kostet Zeit. Käfig oder Voliere müssen täglich gereinigt werden.
7. Unzertrennliche haben hohe Stimmen. Lauschen Sie vorsichtshalber in

Um sich am Kopf zu kratzen, führt der Vogel sein Bein unter dem Flügel hindurch nach oben und neigt dabei den Kopf seitwärts.

Einer fliegt ab, der andere landet auf dem Ast, den der Fotograf für die beiden aufgestellt hat.

einer Zoofachhandlung den Stimmen der dort gehaltenen Agaporniden. Das etwas scharf klingende Gezwitscher läßt sich nicht »abstellen«.

8. Agaporniden brauchen einen großen Käfig oder am besten eine Voliere (→ Seite 14).

9. Sind Sie sicher, daß niemand in der Familie allergisch auf Vogelfedern und Gefiederstaub reagiert? Fragen Sie im Zweifelsfall vor der Anschaffung der Vögel Ihren Arzt (→ Wichtige Hinweise, Seite 63).

10. Leben noch andere Heimtiere bei Ihnen, die sich möglicherweise nicht mit den Unzertrennlichen vertragen? Einen Hund kann man dazu erziehen, daß er die Vögel als »Familienangehörige« akzeptiert, eine Katze nicht.

Tips zum Vogelkauf

Plädoyer für nachgezüchtete Agaporniden

Wenn Sie sich für die Pflege von Unzertrennlichen entschlossen haben, bitte ich Sie, vor allem Arten anzuschaffen, die heute problemlos nachgezüchtet werden können. Das sind: Rosenköpfchen, Schwarzköpfchen und Pfirsichköpfchen (→ Steckbriefe, Seite 51). Nachgezüchtete Vögel haben von klein auf Kontakt zum Menschen. Sie gewöhnen sich daher meist schneller in eine neue Umgebung ein und werden auch zahmer als Wildfänge. Andererseits ist es heutzutage sowieso schwierig, importierte Agaporniden-Arten zu erwerben. Alle Agaporniden stehen unter Artenschutz (→ unten). Die Konsequenz daraus brachte eine starke Handelseinschränkung per Gesetz mit sich. Aber auch in einigen Heimatländern der Agaporniden besteht schon seit mehreren Jahren ein Ausfuhrverbot (→ Steckbriefe, Seite 51).

Wichtiges über Artenschutz

Das Washingtoner Artenschutzübereinkommen (abgekürzt: WA) regelt den Handel mit bedrohten Tier- und Pflanzenarten. Entsprechend dem Grad ihrer Schutzbedürftigkeit wurden auch die Papageien, zu denen die Unzertrennlichen gehören, in die Schutzkataloge I und II aufgenommen. Papageien, die vom Aussterben bedroht sind, stehen in Anhang I des WA. Mit diesen Arten darf nicht mehr gehandelt werden; sie dürfen ohne besondere Ausnahmegenehmigung weder ge- noch verkauft werden. Dies gilt selbst dann, wenn die Vögel nachgezüchtet worden sind. Alle anderen Arten, darunter die Agaporniden, sind in Anhang II aufgelistet (mit Ausnahme von Nymphensittich, Kleiner Alexandersittich und Wellensittich, die keinem Artenschutz unterstehen). Der Handel mit den WA-II-Arten ist unter Einhaltung der gesetzlichen Bestimmungen erlaubt. Das trifft auch für Nachzuchten zu. Die im Zoofachhandel angebotenen Papageienarten können Sie unbesorgt kaufen, sofern der Vogel den vom Gesetz vorgeschriebenen Fußring (→ Seite 10) trägt und Sie die erforderliche CITES-Bescheinigung (→ Seite 10) erhalten.

Warnung vor der Einzelhaltung

Paarweise Haltung: Schauen Sie einmal einem Agaporniden-Pärchen längere Zeit zu. Fast den ganzen Tag verbringen die beiden in engstem Beisammensein. Das läßt für mich nur einen Schluß zu: Halten Sie die Unzertrennlichen paarweise, damit die Vögel glücklich sind und sich wohlfühlen!
Um den Bedürfnissen eines einzeln gehaltenen Agaporniden auch nur annähernd gerecht zu werden, müßten Sie dem Vogel vom Morgen bis zum Abend zur Verfügung stehen, mit ihm sprechen, sich mit ihm beschäftigen und ihm Ihre Zuwendung durch Gefiederkraulen zeigen. Übrigens, sollte ein Partner Ihres Agaporniden-Pärchens frühzeitig sterben, versuchen Sie, dem verwitweten Vogel einen neuen Partner dazuzugesellen (→ Seite 20).
Haltung in der Schar: Wer Platz und Möglichkeiten hat, eine große Voliere zu bauen, träumt sicher davon, eine

Zwei 4 Wochen alte Bergpapageien. Agaporniden sind mit etwa 8 Wochen selbständig. Wenn Sie die Vögel jetzt erwerben, werden sie sich rasch an Sie und an ihre neue Umgebung gewöhnen.

Der sicherste Weg, Ihre Wunsch-Agaporniden zu bekommen, ist der Gang in ein gut geführtes Zoofachgeschäft oder zu einem seriösen Züchter. Grundsätzlich sollten Sie keine Vögel per Versand kaufen, sondern sich immer persönlich ein Bild vom Gesundheitszustand der Vögel und den Haltungsbedingungen machen.

bunte Vogelgesellschaft darin zu halten. Doch Vorsicht bei der Pflege von Unzertrennlichen. Besonders zur Brutzeit kann es selbst in großen Volieren zum Streit mit artfremden Kleinvögeln und sogar mit Artgenossen kommen (→ Seite 7). Wenn Sie vor Zwischenfällen sicher sein wollen, halten Sie am besten jedes Paar für sich. Nur die Rußköpfchen und die Erdbeerköpfchen (→ Seite 54) sind verträglicher: In Volieren können mehrere Paare zusammenleben, sie vertragen sich auch mit anderen Vogelarten.

Wo Sie Unzertrennliche bekommen

Zoofachhandel: Der Weg in ein gutes Zoofachgeschäft lohnt sich bestimmt, denn hier werden Sie mit Sicherheit Ihre »Wunschvögel« finden. Wenn nicht, besorgt Ihnen der Zoofachhändler sicher gern die gewünschten Unzertrennlichen oder gibt Ihnen den Namen eines Züchters.

Züchter: In Fachzeitschriften (→ Seite 63) finden Sie Adressen von Züchtern.

Formalitäten beim Kauf

Die CITES-Bescheinigung: Als Besitzer von artengeschützten Unzertrennlichen müssen Sie den rechtmäßigen Besitz nachweisen. Diesen Nachweis erfüllt die sogenannte CITES-Bescheinigung. Sie wird Ihnen beim Kauf der Vögel (für jeden Vogel) ausgefüllt übergeben. Ohne dieses Dokument und ohne den amtlichen Fußring sollten Sie keine Unzertrennlichen an- oder verkaufen. Nur für folgende in diesem Buch vorgestellten Arten ist das CITES-Dokument entbehrlich: Pfirsichköpfchen, Rosenköpfchen, Rußköpfchen und Schwarzköpfchen. Voraussetzung für diese Freistellung ist aber, daß die Tiere geschlossen beringt sind.

Der Fußring: Jeder aus einer genehmigten und amtlich überprüften Zucht stammende Agapornide muß nach dem Gesetz in einem bestimmten Alter den vorgeschriebenen Fußring aus Metall mit eingestanzter Nummer erhalten. Dieses Gesetz wurde wegen der Papageienkrankheit (→ Seite 38) erlassen, die heute jedoch keine nennenswerte Gefahr mehr darstellt. Der Fußring bestätigt die Herkunft des Vogels aus einem gesunden Tierbestand und ermöglicht im Krankheitsfall die Ermittlung des Züchters, von dem der Vogel stammt.

Der Kaufvertrag: Jedes gut geführte Zoofachgeschäft und jeder seriöse Züchter stellt dem Käufer eine detaillierte Kaufbescheinigung aus. Aus diesem Vertrag sollte folgendes hervorgehen: Datum des Kaufs, Vogelart, Fußringnummer, Alter und, falls erkennbar, das Geschlecht des Agaporniden, Anschrift des Verkäufers und Käufers.

Hinweis: Bei Tausch, Leihgabe, Zuchtgemeinschaften oder Schenkung möglichst genauso konkrete schriftliche Vereinbarungen treffen wie beim Kaufvertrag.

Meldepflicht: Der Besitz eines Unzertrennlichen (mit Ausnahme von Pfirsichköpfchen, Rosenköpfchen, Rußköpfchen und Schwarzköpfchen) ist vom Eigentümer unverzüglich der zuständigen Naturschutzbehörde (Landratsamt oder Regierungspräsidium) zu melden. Erforderlich sind alle Angaben aus dem Kaufvertrag, zusätzlich noch Standort der Voliere, Verwendungszweck und Registernummer der CITES-Bescheinigung.

Bestimmungen für Österreich: In einigen Bundesländern – zum Beispiel in Wien – besteht Beringungs- und Meldepflicht. Es ist daher zu empfehlen, nur solche Tiere zu erwerben, die mit den amtlichen WA-Ringen oder mit Fußringen eines anerkannten Züchterverbandes (kenntlich an der am Ring ein-

geprägten Abkürzung ÖKB oder RÖK) versehen sind. Auf der Rechnung oder einem anderen Kaufbeleg sollen die Ringnummern angeführt sein. Heben Sie diesen Beleg gut auf, er dient zum Nachweis des rechtmäßigen Erwerbes. Die Meldung ist bei der Naturschutzbehörde zu erstatten.
Bestimmungen für die Schweiz: Zur Zeit müssen die wenigen in einem Haushalt lebenden Kleinpapageien weder beringt sein noch gemeldet werden. Zu beachten sind aber die amtlich festgelegten Mindestgrößen für Käfige. Der Schweizer Zoofachhändler weiß darüber Bescheid.

So erkennt man einen gesunden Vogel

Ganz egal wo man seine Vögel kauft, es ist auf jeden Fall von Vorteil, wenn man weiß, woran kranke Agaporniden zu erkennen sind:
- Vögel, die nicht ganz in Ordnung sind, fallen durch ihr geplustertes Gefieder und die müden kleinen Augen auf.
- Das Gefieder sollte glatt anliegen und keine kahlen Stellen aufweisen.
- Ist die Kloake – so nennt man den After eines Vogels – verschmutzt und die umgebende Haut gerötet, besteht Verdacht auf eine Erkrankung des Verdauungsapparates (→ Krankheiten, Seite 34).
- Ausfluß aus dem Schnabel (an den verklebten Federn rund um den Schnabel zu erkennen) ist oft auf krankhafte Veränderungen des Kropfes zurückzuführen.
- Sekretfluß aus den Augen kann auf eine Bindehautentzündung hinweisen.
- Sekretfluß aus den Nasenlöchern deutet auf eine Erkältung hin.
- Um den Ernährungszustand zu prüfen, lassen Sie den Zoofachhändler oder Züchter den Vogel aus dem Käfig nehmen. Blasen Sie leicht in das Brustgefieder des Vogels. Bei zu mageren Tieren tritt der Brustbeinkamm stark hervor. Stark abgemagerte Vögel sind oft den Belastungen eines Umgebungswechsels nicht mehr gewachsen.
- Fehlende Krallen oder Zehenglieder sind lediglich Schönheitsfehler. Nur wer züchten möchte, sollte solche Vögel nicht kaufen.
- Vögel mit Schnabelmißbildungen oder übermäßigem Schnabelwachstum (→ Seite 37) können Schwierigkeiten bei der Nahrungsaufnahme haben, deshalb besser nicht kaufen.

Alter beim Kauf

Fast alle Arten der Unzertrennlichen sind im Alter von 2 Monaten völlig selbständig. Solche jungen Vögel gewöhnen sich rasch an eine neue Umgebung und an ihren Betreuer.
Für die Volierenhaltung empfehle ich Ihnen, Vögel zu erwerben, die etwa 6 Monate alt sind. Sie haben dann die Jugendmauser bereits hinter sich, sind widerstandsfähiger und voll ausgefärbt.

Charakteristische Schwanzsignale können helfen, das Geschlecht der Vögel zu bestimmen (→ Seite 12).

Es ist für den Laien sehr schwer, das Geschlecht eines Agaporniden sicher zu bestimmen. Männchen und Weibchen gleichen sich bei den meisten Arten äußerlich völlig. Als Heimvögel finden sich aus Mangel an Auswahlmöglichkeit oft Männchen- und Weibchenpaare zusammen.

So erkennen Sie das Geschlecht

Wenn Sie ein Agaporniden-Paar im Zoofachgeschäft oder beim Züchter kaufen, beachten Sie bitte, welche Vögel bereits im Verkaufskäfig oder in der Voliere zueinander gefunden haben. Solche Pärchen sollten Sie auf keinen Fall auseinanderreißen. Kaufen Sie beide Vögel. Natürlich besteht ein Paar nicht immer aus verschiedengeschlechtlichen Tieren. Oft finden sich – aus Mangel an Auswahlmöglichkeit – zwei Männchen oder zwei Weibchen zusammen. Für den Vogelhalter ist dieser Umstand völlig ohne Bedeutung, denn die Vögel zeigen trotzdem ihre natürlichen Verhaltensweisen (→ Seite 46). Wer mit seinen Unzertrennlichen züchten möchte, braucht zwei verschiedengeschlechtliche Vögel. Rein äußerlich sehen Männchen und Weibchen bei den meisten Agaporniden-Arten gleich aus. Auf eventuelle Unterschiede in der Gefiederfärbung habe ich in den Steckbriefen ab Seite 51 hingewiesen.

Weibchen erkennen: Erfahrene Züchter behaupten, daß Weibchen meist größer wirken und etwas breitbeiniger auf den Stangen sitzen als Männchen, doch ganz sicher sind diese Anzeichen nicht. Etwas verläßlicher, jedoch *nur* bei erwachsenen Tieren, die sich in Brutverfassung befinden, ist der sogenannte Beckentest. Beim Abtasten der Beckenregion kommen Sie zu zwei weit nach hinten reichenden Knochen, die beim Weibchen einige Millimeter auseinander stehen und etwas elastisch sind. Beim Männchen liegen die beiden Knochen eng beieinander.

Männchen erkennen: Begegnen sich zwei Unzertrennliche, kommt es oft zu charakteristischen Schwanzsignalen: Die Schwanzfedern werden abgespreizt und bilden beim Männchen einen abgerundeten Abschluß, beim Weibchen einen geraden (→ Zeichnung, Seite 11).

Vom Männchen geht die Initiative aus, den Partner zu füttern, vorwiegend die Weibchen interessieren sich für Nistmaterial und Nestbau. Doch ganz hundertprozentig treffen diese Unterscheidungsmerkmale nicht zu.

Hinweis: Eine sichere Methode, das Geschlecht zu bestimmen, ist die Endoskopie. Bei dieser Operation, die nur ein erfahrener Tierarzt vornehmen darf, wird durch einen Hautschnitt eine Sonde in den Körper des Vogels eingeführt. Anhand der Geschlechtsorgane kann der Tierarzt dann das Geschlecht bestimmen. Diese Methode wurde bei Unzertrennlichen bisher wenig erprobt. Ich rate deshalb von der Endoskopie ab.

Die Vögel gut nach Hause bringen

Für den kurzen Transport sind die üblichen Pappschachteln mit Luftschlitzen gut geeignet. In der dunklen Schachtel bleiben die Vögel ruhig, und es besteht keine Verletzungsgefahr. Länger als etwa 1 Stunde sollte der Transport aber nicht dauern, sonst zernagen die Agaporniden den Karton mit ihren recht starken Schnäbeln.

Transportkäfige (im Zoofachhandel erhältlich) sind für längere Wege empfehlenswert und können später auch für eventuell nötige Tierarztbesuche benutzt werden.

Wichtig: Im Winter Transportbehälter vor Kälte schützen. An heißen Sommertagen besser überhaupt keine Unzertrennlichen kaufen. Schon das Herausfangen aus dem Käfig oder der Voliere kann bei großer Hitze den Kreislauf der kleinen Vögel so belasten, daß sie einen tödlichen Hitzschlag bekommen.

Reife Maiskolben gehören zu den begehrtesten Leckerbissen. Die beiden lassen es sich schmecken. ▷

Die ideale Unterbringung

Eine der grundsätzlichen Voraussetzungen für die artgerechte Haltung von Unzertrennlichen ist, diesen bewegungsfreudigen Vögeln die Möglichkeit zum Klettern und Fliegen zu bieten. Dazu gehört einmal ein großer Käfig, besser noch eine Zimmer- oder Gartenvoliere. Zum anderen darf ein Kletterbaum oder ein Freisitz im Zimmer für den täglichen Freiflug (→ Seite 21) nicht fehlen.
Hinweis: Eine genaue Anleitung für den Bau eines Kletterbaums und eines Hänge-Freisitzes finden Sie auf den Praxis-Seiten 18 und 19.

Der richtige Käfig
Material: Käfige aus Metall sind am besten geeignet. Achten Sie aber darauf, daß die Gitterstäbe nicht kunststoffummantelt ist. Die knabberfreudigen Papageien hätten bald die Kunststoffschicht abgenagt, was ihrer Gesundheit nicht gerade zuträglich wäre.
Größe: Je größer ein Käfig, desto besser für die Vögel. Als Mindestkäfigmaß für ein Agapornidenpaar gilt: 70 cm lang, 30 cm breit, 50 cm hoch. Die Vögel können so beim Durchmessen der Längsstrecke wenigstens zwei- oder dreimal mit den Flügeln schlagen. Für ein Pärchen mit Nachwuchs reicht diese Käfiggröße nicht aus (→ Seite 40).
Wichtig: Runde Käfige sind für Unzertrennliche ungeeignet. Ebenso Holzkäfige, die den starken Schnäbeln der Agaporniden nicht standhalten.
Gitterstäbe: Mindestens an zwei Seiten des Käfigs müssen die Gitterstäbe waagerecht verlaufen, damit die Agaporniden klettern können. Der Abstand der Gitterstäbe darf höchstens 16 mm betragen, damit die kleinen Papageien nicht hindurchschlüpfen können.
Die Käfigtür: Sie sollte so groß sein, daß Sie einen Vogel problemlos auf der Hand sitzend aus dem Käfig herausholen können.
Bodenschale: Suchen Sie einen Käfig aus, der eine schlagfeste, hitzebeständige Kunststoff-Bodenschale mit Sandschuber hat. Ist über dem Sandschuber ein Bodengitter angebracht, entfernen Sie es. Die Vögel müssen die Möglichkeit haben, Vogelsand (→ Seite 32) als Verdauungshilfe aufzunehmen.
Hinweis: Auf den Praxis-Seiten 18 und 19 habe ich Ihnen beschrieben, wie Käfig und Voliere ausgestattet sein sollten.

Die Zimmervoliere
Wer Platz und Geld genug hat, sollte für seine Unzertrennlichen eine Zimmervoliere anschaffen. Der Zoofachhandel bietet Zimmervolieren in verschiedenen Ausführungen und Größen an.
Käfige mit einer Seitenlänge von etwa einem Meter kann man bereits als Voliere, als Flugraum, bezeichnen. Noch besser sind Volieren, die nach der Elementbauweise in beliebigen Größen zusammengestellt werden können. Die Bastler unter den Vogelpflegern greifen sicher gern selbst zum Werkzeug, um eine Zimmervoliere zu bauen. Beachten Sie dabei bitte folgendes:
• Die Rahmenkonstruktion der Voliere sollte wegen der starken Schnäbel Ihrer Pfleglinge aus Metall bestehen.

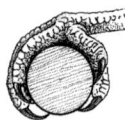

Sitzäste müssen so dick sein, daß der Vogel sie nicht ganz mit seinen Krallen umschließen kann.

• Zur Bespannung eignet sich punktgeschweißtes Viereckgitter (18 x 18 mm Drahtabstand) am besten.
• Wird die Voliere direkt an eine Zimmerwand gebaut, etwa in eine Raumecke oder in eine Nische, sollten Sie das Mauerwerk verfliesen.

Hinweis: Komplette Anleitungen zum Selberbauen von Volieren würden den Rahmen dieses Ratgebers sprengen. Bitte informieren Sie sich in der Fachliteratur (→ Seite 63).

Die Gartenvoliere

Vögel, die in Freivolieren leben, genießen natürliches Sonnenlicht, haben frische Luft und können ihr Gefieder im Regen befeuchten. Je nach Landstrich können Sie Ihre Agaporniden von etwa Mitte April bis Mitte Oktober in der Gartenvoliere belassen. Doch bevor Sie mit dem Bau einer Voliere beginnen, sollten Sie sich ausführlich informieren (→ Bücher, die weiterhelfen, Seite 63).

<u>Vor Baubeginn zu klären</u>
• Für den Bau einer Freivoliere im Garten schreibt das Bundesnaturschutzgesetz (§24) eine Gehege-Genehmigung vor, die von der Naturschutzbehörde erteilt wird. In der Regel wird auch ab 5 m² umbauter Fläche eine Baugenehmigung erforderlich. Doch die Bauverordnungen sind von Bundesland zu Bundesland unterschiedlich. Bitte informieren Sie sich rechtzeitig bei der Baubehörde.
• Informieren Sie Ihre Nachbarn über Ihr Vorhaben, denn manche Unzertrennlichen haben eine sehr laute Stimme (→ Steckbriefe, Seite 51).
• Ein Teil der Voliere sollte mit wasserfesten Platten abgesichert sein, damit die Vögel vor zuviel Sonne, Wind und Regen Schutz finden.
• Keinesfalls sollten Sie den Bau einer kleinen Schleuse bei der Gehegetür vergessen. Kein Papageienpfleger huscht so schnell ins Gehege, als daß nicht seine Vögel manchmal noch schneller wären und durch einen Türspalt entwischen.
• In einer Freivoliere hat sich ein Strom- und Wasseranschluß sehr bewährt. Stromkabel am besten für die Vögel unerreichbar unter Putz legen.
• Die Freivoliere sollte ein beheizbares Schutzhaus haben, in welches sich die Unzertrennlichen bei kühlen Temperaturen zurückziehen können.

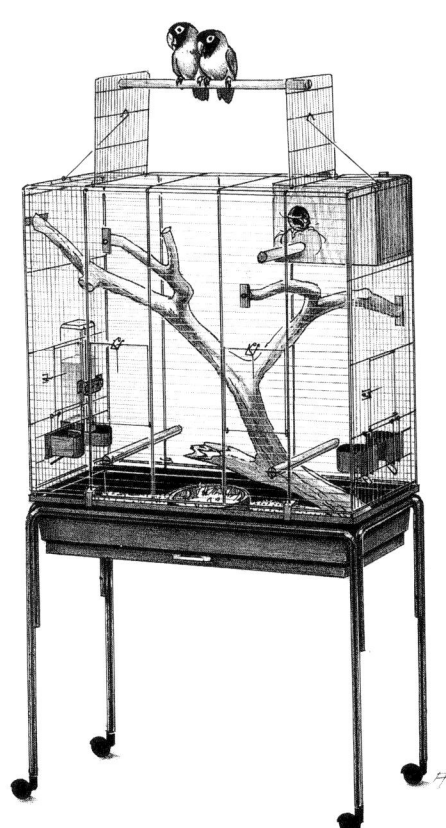

Diese Zimmervoliere mit Freisitz (Modell Wagner & Keller) ermöglicht Ihren Unzertrennlichen eine kurze Strecke Flug.

Zärtliches Kopfkraulen gehört dazu, wenn man sich mag.

Tips für den Bau

Das Fundament (aus Beton gegossen oder gemauert) sollte etwa 10 cm breit sein und 80 cm tief in den Erdboden reichen. Auf diese Weise können Ratten nicht von unten ins Gehege eindringen und den Vögeln gefährlich werden.
Der Volierenboden kann aus Beton gegossen werden. Darauf wird später eine Schicht Erde oder Sand eingebracht. Auch ein reiner Erdboden ist möglich. Dann sollten Sie den Boden etwa 40 cm tief ausheben und mit einem Kunststoffgeflecht (10 bis 13 mm Maschenweite) abdecken, damit keine Schädlinge aus dem Erdreich eindringen können. Auf das Geflecht kommt eine etwa 20 cm dicke Sand-Kies-Schicht und darauf schließlich der Mutterboden.
Rahmen und Gitter der Voliere können Sie entweder als Fertigteile kaufen (im Zoofachhandel erhältlich) oder aus Vierkanthölzern (8 x 8 cm) selbst fertigen und mit punktgeschweißtem, verzinktem Gitter (1 mm stark, 18 x 18 mm Drahtabstand) bespannen.
Eine Doppelbespannung mit Maschendraht macht es Katzen oder Mardern schwer, in das Gehege einzudringen.
Das Schutzhaus braucht ebenfalls ein solides Fundament und wird am besten mit einem Betonboden versehen. Wände und Decke müssen wärmeisoliert, das Dach muß stabil sein. Wasser- und Stromanschluß für Beleuchtung und Heizung sollten vorhanden sein. Die Front zur Voliere hin wird mit Fenstern aus Drahtglas versehen. Über den Fenstern ein Aus- und Einflugloch mit verschließbarer Klappe anbringen.

Der beste Platz für Käfig und Zimmervoliere

Käfig oder Zimmervoliere brauchen einen festen Platz in der Wohnung. Häufige Ortsveränderungen machen die Vögel nervös, brütende Unzertrennliche würden sogar ihr Gelege verlassen.
• Empfehlenswert ist ein Platz in Fensternähe, wo die Morgensonne den Käfig oder die Voliere bescheint. Direkt einstrahlende Sommermittagssonne, ohne die Möglichkeit, sich in den Schatten zurückziehen zu können, wäre der sichere Tod Ihrer Agaporniden.
• Vögel haben einen hohen Bedarf an sauerstoffreicher Luft. Tabakrauch, Kochdunst oder abgestandene Luft in einem zu wenig gelüfteten Raum schaden ihnen auf Dauer; Zugluft ebenso.
• Am sichersten fühlen sich Vögel, wenn Käfig oder Voliere in einer Nische oder Ecke stehen.
• Vögel mögen Positionen auf erhöhten Sitzwarten, um einen besseren Überblick zu haben. Stellen Sie den Käfig so auf, daß sich der oberste Sitzast etwas über der Augenhöhe des größten Familienmitgliedes befindet.

»So, und jetzt bin ich dran«, bedeutet diese Haltung.

- Der laufende Fernseher schadet den Vögeln nicht, sofern das Gerät nicht direkt neben Käfig oder Voliere steht. Allerdings dürfen die Vögel nicht zu lange den Lichtreizen, die vom Bildschirm des Fernsehers ausgehen, ausgesetzt werden. Breiten Sie abends ein Tuch über Käfig oder Voliere, damit die Agaporniden auf jeden Fall zu ihrer zwölfstündigen Nachtruhe kommen.

Temperatur und Luftfeuchtigkeit

Alle Unzertrennlichen kommen aus Gebieten mit einer höheren jährlichen Durchschnittstemperatur, als wir sie in unseren Breiten kennen. Zwar gewöhnen sich die Vögel allmählich an die etwas niedrigeren Temperaturen, doch darf man sie dabei nicht überfordern, wie das leider vielfach geschieht.

<u>Temperatur:</u> Bei der Zimmerhaltung sind Unzertrennliche auch mit den uns angenehmen Raumtemperaturen zufrieden. In der Freivoliere sollte die Temperatur tagsüber nicht unter 10 °C betragen. Die nächtliche Abkühlung spielt keine große Rolle, wenn den Vögeln ein Schutzraum und Schlafkästen zur Verfügung stehen. Unzertrennliche überleben Gefriergrade bis unter −10 °C, sind aber unter solchen Lebensbedingungen ganz sicher nicht glücklich.

<u>Luftfeuchtigkeit:</u> Agaporniden brauchen eine höhere Luftfeuchtigkeit, als normalerweise in unseren Wohnräumen zu verzeichnen ist. Pflanzen, die in Hydrokultur gepflegt werden oder ein Aquarium schaffen die nötige Luftfeuchtigkeit. Zu trockene Luft führt früher oder später zu Gefiederschäden, und wer gerne Vogelnachwuchs hätte, wird sich über Schlüpfprobleme ärgern müssen.

<u>Zu den Bildern:</u>
Hier haben sich ein Schwarzköpfchen und ein Pfirsichköpfchen zu einem Paar zusammengefunden. Sie lassen sich problemlos miteinander kreuzen.
Die gegenseitige Gefiederpflege hat zwei Bedeutungen. Zum einen eine praktische, denn der Vogel selbst erreicht mit dem Schnabel nicht seine Kopfpartie. Zum anderen festigt diese Geste den Zusammenhalt des Paares.

PRAXIS
Ausstattung

Kletterbaum oder Hänge-Freisitz sind für die Vögel ideale Lande- und Aufenthaltsplätze während des Freiflugs. Man kann daran allerlei Nagematerial befestigen und so die Unzertrennlichen von anderen beliebten »Nageobjekten« wie Büchern oder Türrahmen ablenken.

Der Kletterbaum
Zeichnung 1 und 2
Es gibt zwar auch Kletterbäume im Zoofachhandel zu kaufen, mit etwas handwerklichem Geschick können Sie solch einen Baum aber auch leicht selbst basteln. Hier ein einfaches Verfahren:

Einen kräftigen, verzweigten Ast gründlich mit heißem Wasser abwaschen und trocknen lassen. Den Ast in einem Christbaumständer befestigen. Ständer mit Ast in einen großen schweren Holz- oder Tonbottich stellen. Jetzt alle Äste, die über den Rand des Bottichs hinausragen, absägen, damit später kein Vogelkot neben den Bottich fallen kann. Dann Ast wieder herausnehmen und mit Hilfe eines Holzbohrers Löcher in die Äste bohren. Äste als weitere Sitzstangen durch die Löcher stecken und mit Holzstückchen verkeilen.
Den Ständer mit dem fertigen Vogelbaum wieder in den Bottich stellen und mit großen Steinen beschweren. Dann eine Schicht groben Kies auffüllen und eine Erdschicht auftragen. Zum Schluß auf die Erdschicht eine Schicht Vogelsand geben.

Käfig und Voliere richtig ausstatten
Sitzstangen: Käfige und Volieren aus dem Fachhandel enthalten bereits gedrechselte Sitzstangen aus Hartholz. Tauschen Sie sie gegen Naturäste mit verschiedenen Durchmessern (15 bis 24 mm) aus. So erhalten Ihre Unzertrennlichen die erforderliche Zehen- und Beingymnastik (→ Zeichnung, Seite 14). Außerdem können sich die Vögel mit Rinde, Knospen und Blättern der Naturäste beschäftigen, sie abnagen und zerkleinern.

Wie viele Sitzäste? Auf keinen Fall sollten Sie den Flugraum zu sehr eingrenzen. Bringen Sie einen Ast vor den Futtergefäßen an, einen weiteren Ast in Deckennähe des Käfigs oder der Voliere (→ Zeichnungen Seite 18 und 19). Achten Sie aber darauf, daß die Vögel nicht mit den Köpfen an das Käfigdach stoßen, sonst beschädigen sie sich ihr Kopfgefieder. Zum Klettern einen Ast vom Käfigboden quer nach oben verlaufen lassen.
Geeignete Hölzer: Weide, Birke, Holunder, Linde oder Äste von ungespritzten Obstbäumen. Naturäste werden übrigens auch im Zoofachhandel angeboten.
Futternäpfe: Wählen Sie entweder Futternäpfe aus Porzellan oder aus Edelstahl zum Einhängen ans Käfiggitter (→ Zeich-

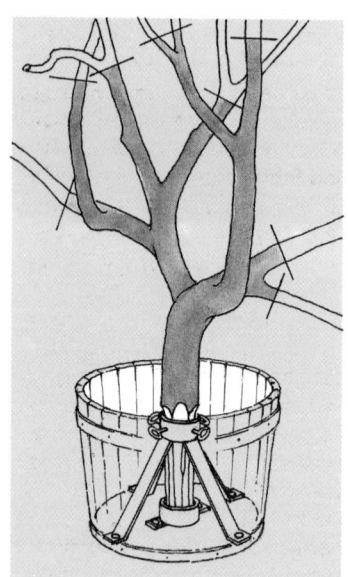

1| Äste, die über den Bottichrand ragen, absägen.

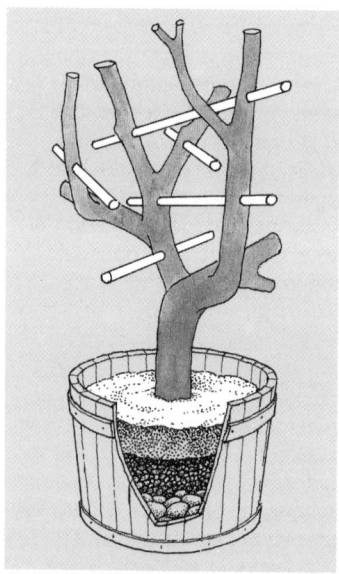

2| Große Steine, Kies, Erde und als Abschluß Sand in den Bottich geben.

nung, Seite 27). Am besten sind 3 Futternäpfe. Je einen für Körnerfutter, Obst und Gemüse sowie Keimfutter (→ Ernährung, Seite 27). Als Trinkwasserbehälter eignen sich die handelsüblichen Kunststofftränken, die von außen am Käfiggitter befestigt werden (→ Zeichnung, Seite 32).

Badegefäß: Agaporniden baden gern, deshalb muß in jeder Agapornidenunterkunft eine flache Schüssel (aus Porzellan oder Metall) stehen, die mit möglichst abgestandenem Wasser gefüllt ist. Lassen Sie das Badewasser etwa 24 Stunden abstehen, damit das im Leitungswasser enthaltene Chlor entweichen kann. Stellen Sie die Schüssel nicht unter einem Sitzast auf, damit das Wasser nicht zu schnell von herabfallendem Kot verschmutzt wird (→ Pflegeplan, Seite 26).

Schlaf- und Brutkasten: Freilebende Unzertrennliche brüten und schlafen in hohlen Baumstämmen oder Asthöhlen. In Menschenobhut nehmen die Vögel gerne einen Nistkasten an. Er ist für sie ein Zufluchtsort, an dem sie sich sicher fühlen. (→ Nistkästen, Seite ##. Ein kleiner Käfig sollte zwei nebeneinanderliegende Türchen haben. Dann können Sie den Nistkasten, um Platz zu sparen, außen an eine geöffnete Käfigtür hängen. In einem geräumigen Käfig oder in der Voliere wird der Kasten im oberen Teil angebracht.(→ Nistmaterial, Seite 42).

Vogelsand: Als Käfigeinstreu eignet sich der im Handel erhältliche Vogelsand. Er ist für die Vögel wichtig als Verdauungshilfe.

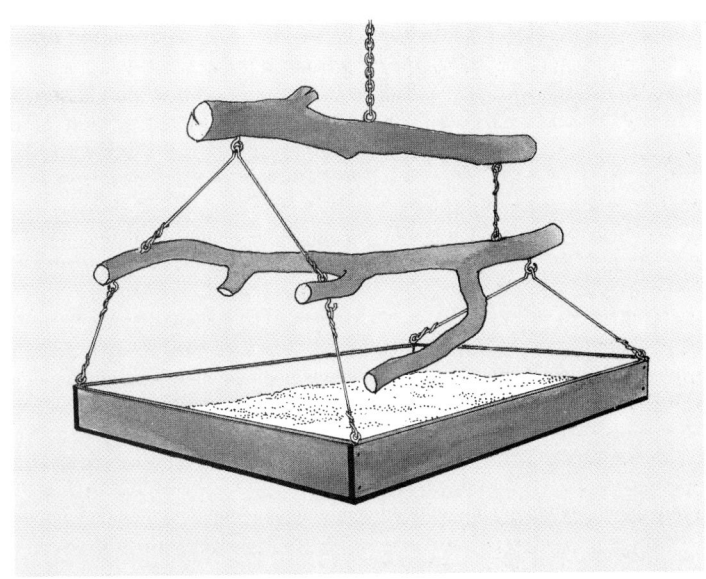

3 | Hänge-Freisitz als idealer Sitz- und Landeplatz fürs Zimmer. Er wird mit Hilfe von Dübel, großer Schrauböse und Karabinerhaken an der Decke befestigt.

Der Hänge-Freisitz
Zeichnung 3
Als Lande- und Sitzplatz wählen sich Vögel gerne erhöhte Warten aus. Diesen Hänge-Freisitz nehmen die Vögel liebend gerne an. Er ist recht einfach zu bauen.

Sie brauchen: 1 Naturholzplatte (60 cm lang, 40 cm breit, 1,5 cm dick), 4 Holzleisten (1 cm dick, 5 cm breit), 8 dünne Holzschrauben, 10 Schraubösen, 3–4 kleine Schraubhaken, 2 unterschiedlich dicke Naturäste, eine etwa 1,5 m lange Leichtmetallkette, festen Draht.

Schmutzauffangschale: Die Holzleisten zu einem Rahmen zusammenschrauben. Rahmen auf die Holzplatte setzen, anleimen oder von unten festschrauben. 4 Schraubösen von oben in die Rahmenecken drehen.

Zweige anbringen: Die Zweige so einkürzen, daß sie nicht über die Schale hinausragen. Schraubösen und Schraubhaken an passender Stelle in die Äste drehen. Festen Draht in passende Stücke schneiden. Drahtenden durch die jeweiligen Ösen ziehen und fest zusammendrehen.

Freisitz aufhängen: In der Mitte des oberen Astes die Leichtmetallkette so befestigen, daß die Schale waagrecht liegt. Nun Sitz mittels Dübel, großer Schrauböse und Karabinerhaken an der Decke befestigen.

Hängen Sie den Sitz so hoch auf, daß Sie ihn noch bequem sauber machen können.

Eingewöhnung, Haltung und Pflege

Wenn die Haltungsbedingungen stimmen, und Sie die Bedürfnisse Ihrer Pfleglinge kennen und berücksichtigen, werden Ihre kleinen Papageien Sie mit ihren außergewöhnlichen Verhaltensweisen erfreuen und Ihnen unvergeßliche Erlebnisse bescheren.

Unzertrennliche an ihr neues Heim gewöhnen

Mit seinem kräftigen Schnabel beißt der Vogel mühelos ein Telefonkabel durch.

Käfig und Zimmervoliere: Für Ihre neuerworbenen Agaporniden sollte zu Hause der fix und fertig eingerichtete Käfig oder die Zimmervoliere am richtigen Platz (→ Seite 16) bereitstehen, Wasser- und Futternäpfe sollten bereits gefüllt sein.

Halten Sie die an einer Seite geöffnete Transportschachtel direkt an die offene Käfigtür. Mit Sicherheit werden die Vögel vom Dunkeln ins Helle streben und in den Käfig hineinklettern.

Junge Tiere werden sich rascher eingewöhnen als ältere, bei uns gezüchtete – sofern sie mit Menschen noch keine bösen Erfahrungen gemacht haben – rascher als importierte. Ferner gibt es auch individuelle Unterschiede. Wenn Sie mehrere dieser kleinen Papageien einige Zeit genauer beobachten, merken Sie, daß Sie es mit einzelnen Persönlichkeiten zu tun haben, die sich in manchen Eigenschaften von ihren Artgenossen unterscheiden. Daß sich paarweise erworbene Unzertrennliche besonders eng an den Menschen anschließen, dürfen Sie nicht erwarten. Agaporniden sind eben keine Schmusetiere, sondern eher für Menschen, die Freude am Beobachten haben, geeignet.

Gartenvoliere: In großen Gartenvolieren können Sie mehrere Paare halten (→ Seite 10). Gut ist es, wenn alle Vögel gleichzeitig die Voliere beziehen. So haben alle Agaporniden gleiche Ausgangsbedingungen, um ihr neues Zuhause kennenzulernen. Leider sieht die Realität anders aus. Meist werden neue Vögel zu einem vorhandenen Bestand hinzugesellt. In diesem Fall sollten Sie die Neuen wenigstens eine Woche in einen getrennten Käfig setzen. Nur so haben Sie die Möglichkeit, den Gesundheitszustand der Neuen zu kontrollieren (→ Seite 11). Sind sie gesund und munter, dürfen sie zu den anderen Vögeln gesetzt werden, wobei allerdings wieder ein anderes Problem auftreten kann. Unzertrennliche müssen sich nicht unbedingt mit Artgenossen vertragen. Beobachten Sie Ihre Vögel nach dem Einsetzen in eine schon bewohnte Voliere genau. Kommt es zu ernsthaften Streitereien, Vögel wieder trennen!

Mein Tip: Bei der paarweisen Haltung von Unzertrennlichen passiert es schon einmal, daß ein Partner stirbt. Probieren Sie es ruhig, dem verwitweten Vogel einen neuen Partner zu geben. Gehen Sie beim Aneinandergewöhnen ebenso vor, wie ich es oben beschrieben habe.

Wie Agaporniden den Tag verbringen

Schon knapp nach der Morgendämmerung werden die Agaporniden rege. Sie putzen sich, nehmen Futter und Wasser zu sich und lassen ihre Stimme hören. Letzteres haben Nachbarn für gewöhnlich nicht gerne, so daß Sie hier auf jeden Fall regelnd eingreifen müssen.

Nicht immer geht es so friedlich zu, wenn 4 Unzertrennliche beieinander sind.

<u>Den Beginn der Aktivitäten</u> Ihrer Vögel können Sie beeinflussen, indem Sie sie in einem Raum, der abgedunkelt werden kann, halten, oder den Käfig nachts mit einem leichten, dunklen Tuch verdecken.
Leben die Vögel im Sommer in einer Gartenvoliere mit angebautem Schutzraum, ist es günstig, die Schlafkästen im Schutzhaus aufzuhängen und die Tiere nachts dort einzusperren.
Im Tagesverlauf bleiben die Unzertrennlichen bis zum späten Vormittag munter. Sie legen dann eine ausgedehnte Ruhepause ein, um erst am späteren Nachmittag wieder mobiler zu werden.

Freiflug in der Wohnung
Leben Unzertrennliche in einem Käfig, der nicht so groß ist, daß sie darin fliegen können, brauchen sie täglichen Freiflug im Zimmer, um ihre Flügel wenigstens etwas bewegen zu können und ihre Muskeln zu stärken. Doch warten Sie mit dem ersten Ausflug so lange, bis sich Ihre Papageien an ihre neue Umge-

bung gewöhnt haben und sich auch vor Ihnen nicht mehr fürchten.

Vorher zu bedenken:
- Fenster schließen, damit die Vögel nicht wegfliegen!
- Eventuell punktgeschweißte Gitter (18 x 18 mm Maschenweite) vor den Fenstern anbringen. Dann kann das Fenster auch geöffnet bleiben.
- Blanke Fensterscheiben erkennen die Vögel nicht als Raumbegrenzung. Sie fliegen dagegen und brechen sich im schlimmsten Fall das Genick. Ziehen Sie am besten Vorhänge oder Rollos vor die Scheiben.
- Große Spiegel besser mit Tüchern verhängen, damit die Vögel nicht dagegen fliegen.
- Einige Sitzäste als Landeplätze möglichst hoch im Raum anbringen (→ Hängefreisitz, Praxis-Seite 19) und/oder einen Kletterbaum (→ Praxis-Seite 18) im Zimmer aufstellen.

Zimmerpflanzen

Stehen Pflanzen im Vogelzimmer, können Sie davon ausgehen, daß Ihre Agaporniden beim Freiflug diese »Nahrungsquelle« mit Freuden nutzen. Doch viele Zimmerpflanzen sind für die kleinen Papageien giftig oder enthalten unverträgliche Substanzen.
Giftig sind beispielsweise: Becherprimel, Brechnußbaum, *Catharanthus*, Christusdorn, alle *Dieffenbachia*-Arten, Eibe, Hyazinthe, Immergrün, alle Nachtschattengewächse, beispielsweise der Korallenstrauch, Madagaskarpalme, Narzissen, Oleander, Beeren der Spitzblume, Weihnachtsstern, Wunderstrauch, Wüstenrose, Beeren vom Zierspargel.
Schleimhautreizende Substanzen, die auf so kleine Lebewesen wie Unzertrennliche ebenfalls sehr schädlich wirken können, enthalten zum Beispiel Efeu, Fensterblatt, Flamingoblume, Goldtrompete, Philodendron.

Ungiftige Zimmerpflanzen dürfen Sie selbstverständlich zu Ihrer und der Vögel Freude halten. Allerdings mehr zum Vergnügen der Vögel, denn sie werden die Pflanzen sicher mehr auslichten, als Ihnen lieb ist.
Achtung: Informieren Sie sich beim Kauf von Zimmerpflanzen genau, ob die ausgesuchte Pflanze giftig ist oder schleimhautreizende Stoffe enthält. Im Zweifelsfall unbedingt Fachliteratur zu Hilfe nehmen oder auf die Pflanze verzichten.

Das Einfangen

Zahme Unzertrennliche nach dem Freiflug in den Käfig zurückzubringen, ist im Grunde kein Problem. Sitzen die Vögel beispielsweise auf dem Kletterbaum, werden sie auf Ihre Hand aufsteigen und sich in den Käfig tragen lassen. Weniger zahme Vögel dagegen nutzen ihre plötzliche Freiheit gerne länger, als Ihnen vielleicht lieb ist. Veranstalten Sie jetzt keine Hetzjagd! Lassen Sie am besten die Vögel bis zum Abend in Ruhe. Schalten Sie später das Licht aus und holen Sie sie einfach mit den Händen von ihrem auserwählten Schlafplatz herunter. Da Unzertrennliche mit ihren Schnäbeln die Haut an menschlichen Fingern ohne Schwierigkeiten durchbeißen können, empfehle ich Ihnen, Lederhandschuhe anzuziehen.
Halten Sie einen Vogel niemals am Schwanz fest! Sie hätten sogleich ein Büschel Federn in der Hand und müßten einige Wochen warten, bis die Pracht wieder nachgewachsen ist.
Drehen Sie einen Vogel in Ihrer Hand nie auf den Rücken! Er könnte einen Schock erleiden und bliebe minutenlang wie gelähmt auf dem Rücken liegen.
Ist es aus irgendwelchen Gründen nicht möglich, die Vögel bis zum Abend fliegen zu lassen, brauchen Sie zum Einfangen ein leichtes Netz mit langem

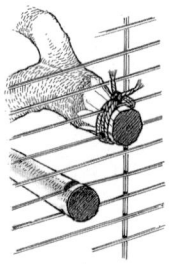

Naturäste werden am besten mit Hilfe von Einkerbungen am Käfiggitter befestigt. Sie können den Ast zur Freude Ihrer Unzertrennlichen zusätzlich mit einer naturfarbenen Kordel am Gitter befestigen. Die Kordel zu zernagen ist ein vergnüglicher Zeitvertreib für die Vögel.

Gefahren für Agaporniden

Gefahren

Offene Türen: Die Vögel nutzen sie als Sitzplatz. Wird eine Tür geschlossen, kann es zu Verletzungen kommen.

Badezimmer: Wegfliegen bei gekipptem Fenster, Ertrinken im offenen WC.

Gefäße mit Wasser: Die Vögel trinken gern aus Vasen und Eimern oder wollen darin baden und können so ertrinken.

Papierkorb, Ziergefäße: Hineinrutschen, Verhungern oder Herzschlag aus Angst, da der Vogel nicht allein herauskann.

Fliegenfänger: Solche, an denen Fliegen kleben bleiben, können auch für Sittiche Todesfallen sein.

Herdplatten: Tödliche Verbrennungen beim Landen auf noch heißer Herdplatte.

Elektrische Geräte und Öfen: Tod durch Verbrennungen.

Pralle Sonne: Gestaute Hitze hinter Glasscheiben kann Herzschlag verursachen.

Temperaturunterschiede: Jähe Schwankungen führen zu Erkältungen oder Hitzschlag.

Gifte: Tödliche Vergiftungen möglich durch Spülmittel, Haushaltsreiniger, Katzenstreu, Blei, Bleistiftspitzen, Kugelschreiber- und Filzstiftminen, Sprays zur Luftverbesserung und Insektenvernichtung, chemisch behandelte Holzspäne, Medikamente, giftige Pflanzen (→ Seite 22).

Vermeiden der Gefahren

Achten Sie vor dem Schließen einer Tür immer darauf, wo der Vogel sitzt.

Badezimmertür geschlossen halten; WC-Deckel stets schließen.

Gefäße zudecken, Vögel bei Hausputz nicht frei fliegen lassen.

Korbware verwenden, Ziergefäße mit Sand füllen.

Auf diese Fliegenfänger verzichten.

Auf unbenützte heiße Herdplatte Kessel mit kaltem Wasser stellen. Vögel nie unbeaufsichtigt in der Küche fliegen lassen.

Für Vögel unerreichbar installieren.

Schattenplatz ermöglichen, lüften.

Allmähliches Gewöhnen an Temperaturen zwischen 5 und 30 °C.

Alle genannten Stoffe oder Gegenstände für die Vögel unerreichbar aufbewahren. Spuren restlos entfernen. Giftige Pflanzen nicht in die Voliere oder ins Vogelzimmer stellen.

Agaporniden landen gerne auf erhöhten Warten, wie hier auf der offenen Tür. Beim Zuschlagen der Tür kann der Vogel schwer verletzt werden.

Stiel (im Zoofachhandel erhältlich). Diese Einfangmethode ist schonender als eine Verfolgungsjagd, bei der die Vögel – und wahrscheinlich auch Sie selbst – erschöpft sein werden, und die das bereits gewonnene Vertrauen zunichte machen würde.

Einfangen im Freien: Die Chance, einen ins Freie entkommenen Agaporniden wieder zu erwischen, ist recht gering. Meist fliegt der Vogel gleich so weit weg, daß man ihn nicht einmal mehr entdeckt. Sollte sich aber der Flüchtling in der Nähe aufhalten, kann man versuchen, ihn in seinen vertrauten Käfig zu locken. Legen Sie ihm begehrte Leckerbissen in den geöffneten Käfig. Wird sein Gefährte in einem weiteren Käfig in unmittelbarer Nähe plaziert, wagt sich der entkommene Vogel eher heran. Fangkäfig und »Lockvogel« sollten sich aber nach Möglichkeit in größerer Höhe – ungefähr 3 m – befinden. Die technische Durchführung ist also gar nicht so einfach.

Beschäftigung für Unzertrennliche

Neben Futter, Wasser und sauberem Sand als Verdauungshilfe brauchen Agaporniden ein ständiges Angebot an frischen Zweigen (→ Ernährung, Seite 27). In stundenlanger Arbeit werden sie zerfasert und als Nistmaterial in den Schlaf- und Brutkasten (→ Seite 19) eingetragen. Diese Zweige sind somit ein Muß, wenn Sie die Tiere zur Fortpflanzung bringen wollen, jedenfalls aber eine recht wichtige Beschäftigungstherapie.

Gibt es keine frischen Zweige, beschäftigen sich die Unzertrennlichen mit den Stengeln der Kolbenhirse, ja sie zerlegen sogar Papier (nur ungefärbtes anbieten!). Im Zoofachhandel wird auch Holzspielzeug, beispielsweise aus Naturästen gestaltet, angeboten. Es ist sehr zu empfehlen.

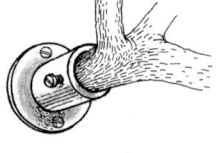

Sitzäste können leicht mit solchen Asthaltern am Volierengitter oder an einer Wand befestigt werden. Asthalter gibt es in verschiedenen Durchmessern im Zoofachhandel zu kaufen.

Die Pflege der Volierenvögel

In Volieren lebende Agaporniden sind im Grunde genommen ähnlich zu betreuen wie ihre Artgenossen im Zimmerkäfig.

Täglich: (→ Pflegeplan, Seite 26). Außerdem empfehle ich einen Kontrollblick auf die Gitterbahnen der Voliere. Rost oder herabfallende Äste schaffen manchmal einen unerwünschten Ausgang, den Sie auf jeden Fall früher als Ihre Vögel bemerken sollten.

Wöchentlich: Mit einem kleinen Drahtbesen alle Futterreste und den Vogelkot vom Volierenboden aufkehren und entfernen. Altes Futter und Kot können Brutstätten für Krankheitserreger werden (→ Innenparasiten, Seite 37).

Alle 4 bis 10 Wochen: Volierenrahmen, Gitter, Fenster des Schutzhauses, Heizkörper und Türen mit einem milden Desinfektionsmittel (nach Gebrauchsanweisung) behandeln, gut abwaschen und trockenreiben.

Futtertische, Schlaf- und Nistkästen abbürsten oder absaugen, desinfizieren, gründlich abwaschen und trockenreiben. Ecken und Spalten ausbürsten, absaugen, desinfizieren, abwaschen und trocknen lassen.

Jährlich: Im Frühjahr oder Spätherbst die Erd- oder Sandaufschüttungen auf betonierten Volierenböden entfernen und neu auffüllen. Den Mutterboden auf unbetonierten Volierenböden etwa 10 cm tief abtragen und entfernen.

Hinweis: Essigwasser oder Schmierseifenlauge sind natürliche Desinfektionsmittel. Allerdings ist ihre Wirkung schwächer als die der handelsüblichen Desinfektionslösungen.

Unzertrennliche sind ausgezeichnete Flieger, die täglich Freiflug im Zimmer brauchen.

Wohin mit den Vögeln zur Urlaubszeit? Grundsätzlich ist es am besten, die Unzertrennlichen in ihrer gewohnten Umgebung zu lassen. Kümmern Sie sich also rechtzeitig um eine zuverlässige Person, die Ihre Unzertrennlichen während Ihrer Abwesenheit im Haus oder in der Gartenvoliere versorgt. Fertigen Sie Ihrer Urlaubsvertretung eine Checkliste an, auf der die täglich notwendigen Pflegearbeiten, die Futterration für die Vögel, Telefonnummer des Tierarztes und eventuell Ihre Urlaubsadresse aufgelistet sind.

Zoofachhandlungen nehmen Tiere vorübergehend mit Käfig in Pflege. Für Volierenvögel sollten Sie diese Möglichkeit nicht in Betracht ziehen. Sie müßten aus der Voliere herausgefangen werden und in einen ungewohnten Käfig umgesetzt werden. Die Belastung wäre für die Unzertrennlichen zu groß.
Tierpensionen inserieren im Lokalteil der örtlichen Zeitung. Wenn Sie die Vögel samt gewohntem Käfig dort unterbringen können, ist dagegen nichts einzuwenden. Für Volierenvögel trifft allerdings das gleiche zu wie oben gesagt.

Pflegeplan für Käfig und Zimmervoliere

Täglich

Aus dem Sand im Käfig, im Bottich des Vogelbaumes und der Bodenschale des Hängefreisitzes mit einem Löffel Kot und Schmutzteilchen entfernen und etwas frischen Sand einstreuen.

Morgens Näpfchen, Wasserspender und Badeschale ausleeren, heiß abwaschen, gut abtrocknen und neu füllen.

Mittags Frischkost von morgens entfernen.

Verschmutzte Äste mit einer alten Zahnbürste abbürsten und feucht abwischen.

Nachmittags nachsehen, ob die Agaporniden noch genügend Körner finden. Zuviele leere Hülsen auf den Körnern darunter, mit einem Löffel abnehmen.

Wöchentlich

Bodenschale und Sandschuber mit warmem Wasser auswaschen, trockenreiben und frischen Sand einfüllen.

Bei der Gefiederpflege wird jede einzelne Feder durch den Schnabel gezogen und gründlich mit der Zunge bearbeitet.

Monatlich

Käfig und Zimmervoliere mit warmem Wasser, dem ein mildes Desinfektionsmittel (Gebrauchsanweisung beachten) zugesetzt werden kann, abbrausen, dabei Kotreste mit einem Lappen abwischen; Holzteile mit heißem Wasser abbrausen; anschließend Käfig und Holzteile abtrocknen.

Zernagte Zweige und Äste im Käfig und im Vogelbaum durch frische, heiß abgewaschene und gut getrocknete erneuern.

Schlafkästen absaugen oder abbürsten.

Auch nicht brütende Agaporniden tragen Nistmaterial in ihren Schlafkasten ein. Das Nistmaterial kann entfernt werden. Bei Brutvögeln abwarten, bis Aufzucht der Jungen abgeschlossen ist (→ Seite 44).

Die richtige Ernährung

Man weiß heute recht genau, wovon sich Agaporniden in Freiheit ernähren. In ihrer afrikanischen Heimat finden sie die verschiedensten Grassamen, Samen, Beeren, Knospen und andere Früchte von Bäumen und Sträuchern. Vor allem während der Brutzeit nehmen sie auch Insekten. Außerdem profitieren die Unzertrennlichen von der modernen Feldwirtschaft und fliegen scharenweise in die Reis-, Mais- und Hirsefelder. Natürlich können wir ihnen nicht genau dieselbe Nahrung bieten, die sie in ihren Heimatländern finden, doch jeder Vogelhalter hat die Möglichkeit, einen ziemlich vollwertigen Ersatz zu schaffen.

Körner als Grundnahrung
Die im Handel angebotenen Fertigfuttermischungen für Großsittiche und Unzertrennliche enthalten eine Vielfalt verschiedener Körnersorten, wie Sonnenblumenkerne, Hirse, Hafer, Spitzsamen, Leinsamen und Weizen. Alle diese Sämereien werden zumindest von den bekannten Markenfirmen in ausgesuchter Qualität, staubfrei und mit Mineralstoffen und Vitaminen angereichert auf den Markt gebracht. Als Grundfutter sind diese Körnermischungen zu empfehlen.
Haltbarkeit: Die in den Futtermischungen enthaltenen Vitamine haben eine Haltbarkeitsdauer von etwa 12 Monaten, die Sämereien selbst halten sich doppelt so lange. Achten Sie immer auf das Abpackdatum, das auf der Futterpackung aufgedruckt ist!

Keimprobe:
Wenn Sie nicht sicher sind, ob das Futter noch genügend Nährstoffe enthält, sollten Sie eine Keimprobe machen.
• 1 Teelöffel Samenkörner in eine Glasschale geben und 2 cm hoch mit Wasser bedecken. Schale so zudecken, daß noch Luft eindringen kann.
• Samen 24 Stunden quellen lassen, dann in einem Sieb lauwarm abbrausen, abtropfen lassen.
• Samenkörner wieder in die Glasschale füllen und locker zugedeckt an einem hellen Platz bei Raumtemperatur 48 Stunden keimen lassen. Keimen etwa 60% der Samen, ist die Nahrung einwandfrei (→ Keimen im Keimsilo, Seite 30).
Anzeichen für verdorbenes Futter:
Prüfen Sie jede Futterpackung nach dem Öffnen; größere Futtervorräte wöchentlich kontrollieren.
• Ungeziefer: Zusammengeklumpte Körner und spinnwebfeine Fäden deuten auf die Larven der Mehlmotte hin. Vermilbtes Futter erkennen Sie an dem eigentümlichen Geruch. Bei starkem Befall bilden die Milben außen an der Packung einen mehlartigen Überzug. Das Futter wirkt staubig.
• Fäulnis: Faule Körner riechen penetrant, während gesunde Körner geruchlos sind.
• Ranzige Saaten: Am Geschmack erkennbar (probieren).
• Schimmel: Er ist durch weißlichgrauen Belag der Körner zu erkennen, jedoch nur, wenn Sie die Körner sehr genau daraufhin prüfen.

Futternäpfe aus Edelstahl lassen sich leicht sauber halten.

Die Gefiederpflege nimmt täglich viele Stunden in Anspruch.

• Verschmutzte Körner: Unsaubere Samen und Ölsaaten enthalten Krankheitserreger. Beschädigte Körner sind von minderer Qualität.
<u>Wichtig:</u> Verdorbenes Futter darf in keinem Fall verfüttert werden!
<u>Futter richtig aufbewahren:</u>
Körnerfutter muß luftig, dunkel und trocken gelagert werden. Am besten in einem Leinensäckchen aufbewahren und an einem geeigneten Platz aufhängen.

Tips für selbstgemischtes Körnerfutter
Alle Sämereien, aus denen die Fertigfuttermischungen bestehen, erhalten Sie auch getrennt in Zoofach- und Samenhandlungen.
<u>Hirse</u> ist wesentlicher Bestandteil der Futtermischungen. Es gibt mehrere Sorten wie beispielsweise Kolben- und Rispenhirse, die sich in Farbe und Größe unterscheiden, aber ziemlich den gleichen Nährstoffgehalt aufweisen.
<u>Spitzsaat</u> (Kanariensaat, Glanzsamen) gehört zum wichtigsten Körnerfutter.
<u>Hafer</u> (geschält oder ungeschält) darf wegen des relativ hohen Fettgehaltes an zu gut genährte Vögel nur sparsam

verfüttert werden. Der hohe Gehalt an verschiedenen Wirkstoffen, wie Vitamin E und B 1, beeinflussen Brut und Jugendentwicklung günstig. Hafer sollten vor allem Zuchttiere bekommen.
<u>Weizen</u> enthält im Keimling Vitamin E. Achten Sie beim Einkauf auf einen eventuellen Befall mit Getreiderüsselkäferlarven.
<u>Hinweis:</u> Die folgenden (sehr fettreichen) Futtersorten sind nur für normalgewichtige Vögel mit viel Bewegungsmöglichkeit zu empfehlen:
<u>Leinsamen</u> hat einen hohen Fett- und Eiweißgehalt. Guter Einfluß auf die Verdauung!
<u>Hanf</u> wird meist gerne angenommen. Geringe Gaben fördern den Geschlechtstrieb und die Eiablage und führen zu einem glänzenden Gefieder.
<u>Sonnenblumenkerne</u> gibt es in verschiedenen Sorten von unterschiedlicher Größe und Farbe. Die weißen werden meist bevorzugt. Wegen des hohen Fettgehaltes sollten Sie sie mäßig in einem getrennten Napf verfüttern.
<u>Negersaat und Kardisaat</u> dürfen nur in kleinen Mengen gereicht werden.
<u>Fichtensamen</u> nehmen die Unzertrennlichen sehr gerne.
<u>Mein Tip:</u> Folgende Körnerfuttermischung gebe ich meinen Vögeln: 30% Spitzsaat, 30% verschiedene Hirsearten, 20 % Sonnenblumenkerne, 5% Hafer, 5% Weizen, 10% Gemisch aus den übrigen oben angegebenen Sämereien.

Körnerfutter im Fruchtstand

Am meisten freuen sich Unzertrennliche, wenn sie Körner im natürlichen Fruchtstand bekommen, zum Beispiel im Herbst eine ganze Sonnenblume mit den reifen Körnern oder von Juli bis Oktober die grüne Rispenhirse. Letztere gedeiht nicht überall, doch sollten gartenbesitzende Vogelfreunde einen Anbauversuch mit dieser Hirsesorte

Ab und zu wird sich kräftig gestreckt und gereckt.

machen. Sie ist leicht verdaulich, sehr vitaminreich und daher ein besonders gutes Aufzuchtfutter. Bei gutem Ernteergebnis kann man einen Vorrat in der Tiefkühltruhe einfrieren oder trocknen. Auch die Kolbenhirse mit ihren kleineren, etwas matteren Körnern ist bei Papageien sehr beliebt.
<u>Hinweis:</u> Eine Nachahmung dieser natürlichen Fruchtstände sind die im Handel erhältlichen Kräcker oder die Futterblöcke in Herzform. Sie bestehen aus normalem Körnerfutter – manchmal mit Vitaminen und Mineralstoffen versehen –, das durch eine Zuckerlösung zusammengehalten wird.

PRAXIS
Frischkost

Vitaminreiche Frischkost wie gekeimte Körner, Kräuter, Obst oder Gemüse sollten Sie Ihren Unzertrennlichen täglich anbieten, damit sie gesund bleiben.

1| *Eingeweichte Körner auf den Schalenböden verteilen und mit Wasser bedecken.*

Keimen im Keimsilo
Zum Keimen eignen sich alle Körner, die ich bei den Tips für selbstgemischtes Futter auf Seite 28 aufgeführt habe. Damit das Keimen der Körner problemlos gelingt, empfehle ich Ihnen die Anschaffung eines Keimsilos, den es im Zoofachhandel zu kaufen gibt. Er besteht aus 3, 4 oder mehr runden, durchsichtigen Keimschalen aus Kunststoff mit Siphonhütchen und einer Wasserauffangschale. Bevor Sie die Körner in den Silo geben, müssen sie quellen. Etwa 2 Eßlöffel Körner pro Vogel (Tagesration) in eine flache Glasschale geben, die Körner mit Wasser bedecken und 24 Stunden in der locker abgedeckten Glasschale einweichen.

Körner einfüllen
Zeichnung 1
Nach dem Einweichen Körner in ein engmaschiges Sieb geben und unter fließendem lauwarmen Wasser abspülen. Anschließend Körner so in die Keimschalen des Silos füllen, daß der Schalenboden bedeckt ist. Nur die unterste Schale, die Wasserauffangschale, bleibt leer.

Körner wässern
Zeichnung 2
Nun Schalen aufeinanderstellen. Die Wasserauffangschale steht ganz unten. $1/4$ Liter Wasser vorsichtig in die oberste Schale geben. Das Wasser läuft langsam durch die Siphonröhrchen in die Wasserauffangschale und benetzt dabei die Körner. Keimsilo an einen hellen Platz, aber nicht direkt ins Sonnenlicht, stellen und täglich $1/4$ Liter Wasser in die oberste Schale gießen.

Keimfutter eintnehmen
Zeichnung 3
Sobald Keime aus den Körnern sprießen oder schon kleine Stengel emporwachsen, können Sie Ihre Unzertrennlichen damit füttern. Vorher nochmals die Keimlinge in ein engmaschiges Sieb geben und lauwarm abbrausen. Bieten Sie die Keimlinge in einem gesonderten Futternapf an.
Hinweis: Keimfutter verdirbt schnell. Deshalb – vor allem im Sommer – Futternäpfe nach 2 Stunden entfernen und den Napf reinigen.

Frischkost richtig anbieten
Welches Obst, Gemüse und welche Kräuter Sie Ihren Agaporniden unbedenklich geben können, habe ich Ihnen auf Seite 32 aufgezählt. Doch Frisch-

2| *Täglich $1/4$ Liter Wasser in die oberste Keimschale gießen.*

3| *Keimlinge portionsweise entnehmen und verfüttern.*

kost muß auch richtig angeboten werden, damit Ihre Unzertrennlichen sie nicht verschmähen.

Halterung für Gitter
Zeichnung 4
Spießen Sie hartes Obst oder Gemüse auf einen gebogenen Draht und befestigen Sie diesen am Käfig- oder Volierengitter. Die Vögel kommen ungehindert an das Futter.

Halterung für Futterbrett
Zeichnung 5
Harte Früchte wie Apfel oder Birne und hartes Gemüse wie Möhren können auf einen stumpfen Nagel im Futterbrett gespießt werden. So angeboten, nagen die Unzertrennlichen gern daran.

Kräuterbündel befestigen
Zeichnung 6
Kräuter, frische Wildpflanzen (→ unten) und Salatblätter werden mit einer Holzklammer am Dach oder an den Gitterstäben des Käfigs beziehungsweise der Voliere befestigt oder mit einem Stückchen Draht gebündelt und angehängt.

Wildpflanzen selbst gesammelt
Samen, Blüten und Blätter sind hochwertige Frischkost und bieten gleichzeitig Beschäftigung.
Grassamen: Von Einjährigem Rispengras (*Poa pratensis*), Wiesenrispengras (*Poa chaixii*), Englischem Raygras (*Lolium perenne*), Wolligem Honiggras (*Holcus lanatus*).

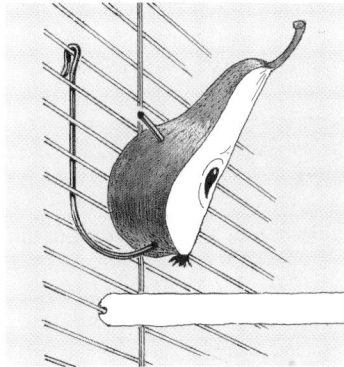

4 | *Obst oder Gemüse auf einen gebogenen Draht aufspießen und am Gitter befestigen.*

Blüten und Samen: Von Vogelmiere (*Stellaria media*), Sauerampfer (*Rumex acetosa*), Hirtentäschelkraut (*Capsella bursa-pastoris*), Löwenzahn (*Taraxacum officinale*) nach der Blüte, wenn gerade die Spitzen der Samenträger zu sehen sind.
Hirse- und Knöterricharten: Hühnerhirse (*Panicum crusgalli*), Blut-Fingerhirse (*Panicum sanguinale*), Grüne Borstenhirse (*Setaria viridis*), Rispenhirse (*Panicum milaceum*), Gänsedistel (*Sonchus aleraceus*), Vogelknöterich (*Polygonum aviculare*), Flohknöterich (*Polygonum persicaria*).
Beeren und Fruchtstände: Von Wegwarte (*Cichorium intybus*), Ebereschenbeeren, Beeren vom Feuerdorn, Hagebutten.
Frische Zweige: Von Obstbäumen verschiedenster Art, geeignet sind auch Zweige von Pappel, Weide, Erle, Birke, Linde, Ahorn, Eiche und Holunder.
Achtung: Sammeln Sie nur die Wildpflanzen, die Sie kennen,

5 | *Obst oder Gemüse kann auch auf einen stumpfen Nagel gespießt werden.*

oder nehmen Sie entsprechende Fachliteratur zu Hilfe (zum Beispiel ein gutes Pflanzenbestimmungsbuch). Wildpflanzen nicht an Straßen- und Feldrändern sammeln. Sie sind von Auspuffgasen, Düngemitteln und Pestiziden vergiftet.
Nur Zweige von ungespritzten Obstbäumen verwenden!
Alle Wildpflanzen und Zweige vor dem Verfüttern mit lauwarmem Wasser abbrausen und trockenschwenken.

6 | *Kräuterbündel kann man am Käfigdach anbringen.*

Obst und Grünfutter

Ein gesunder, abwechslungsreicher Speiseplan sollte für Agaporniden auch täglich frisches Obst und Grünfutter enthalten.

Obst: Äpfel, Birnen, entkernte Kirschen, Pflaumen, Pfirsiche, Aprikosen (Marillen), Feigen, Zitrusfrüchte (ohne Schalen), frische und getrocknete (eingeweichte) Beerenfrüchte.

Grünfutter: Kleingerissene Blätter von Eissalat, Kopfsalat, Feldsalat, Endiviensalat und Spinat, Petersilie, Sellerieblätter, Karotten, Klee, Löwenzahn, Schafgarbe, Wegerich, feingehacktes Gras und Vogelmiere (→ Wildpflanzen selbst gesammelt, Seite 31).

Hinweis: Verschmutztes oder faules Obst darf nicht an die Vögel verfüttert werden. Füttern Sie nur unbehandeltes Obst und Gemüse aus biologischem Anbau. Vögel reagieren auf Spritzmittel empfindlicher als Menschen.

Eine genaue Anleitung, wie Obst und Grünfutter verfüttert werden, finden Sie auf den Praxis-Seiten 30 und 31.

Vitamine und Mineralstoffe

Wer seine Vögel abwechslungsreich mit Körnerfutter und Frischkost ernährt, braucht dem Futter in der Regel keine Vitamine und Mineralstoffe zuzusetzen. Allerdings gibt es für Ihre Vögel Zeiten besonderer Beanspruchung wie Mauser, Entwicklungszeit, Brutperiode oder Krankheit, in denen zusätzliche Gaben dieser Wirkstoffe von großem Nutzen sind. Sie haben es heute recht einfach, Ihre Pfleglinge mit Vitamin- und Mineralstoffgaben zu versorgen. Der Zoofachhandel bietet eine Reihe von guten Präparaten, die einfach dem Futter oder dem Trinkwasser beizufügen sind. Die wesentlichen Spurenelemente wie Kalk und Phosphor sind im Schnabelwetzstein und im Vogelsand (→ rechts) enthalten.

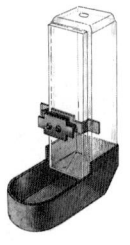

Dieser Trinkwasserbehälter besteht aus Kunststoff. Er wird außen am Käfiggitter befestigt. Der Behälter sorgt nicht nur für genügend Wasservorrat, sondern das Wasser bleibt auch sauber, weil es nicht vom Vogelkot verschmutzt werden kann.

Wichtig: Achten Sie auf das Haltbarkeitsdatum, das auf der Packung aufgedruckt ist. Überlagerte Präparate sind wertlos.

Trinkwasser

Selbstverständlich brauchen Unzertrennliche täglich frisches Trinkwasser. Leitungswasser ist gut, sollte aber über Nacht abstehen, damit überschüssiges Chlor entweichen kann und das Wasser Raumtemperatur annimmt. Wer seinen Vögeln etwas besonders Gesundes geben möchte, verwendet den im Handel erhältlichen Vogeltrank. Noch besser ist allerdings kohlensäurefreies Mineralwasser, dessen Inhaltsstoffe auf dem Etikett angegeben sind. Nur der kranke Vogel bekommt abgekochtes Wasser, leichten schwarzen Tee oder Kamillentee, falls der Tierarzt das empfiehlt.

Sand als Verdauungshilfe

Der aufgenommene Sand führt zu einer Verstärkung der Magenwände und zu einer besseren Mahltätigkeit. Untersuchungen bei Hühnern, die keinen Sand zur Verfügung hatten, haben ergeben, daß sie das Körnerfutter deutlich schlechter verdauen.

Was für das Huhn gilt, kann auch – obwohl hier genauere Untersuchungen noch ausstehen – in ähnlicher Form für andere Körnerfresser angenommen werden. Man kann diesen Untersuchungen jedenfalls entnehmen, daß Unzertrennliche Flußvogelsand brauchen – entweder als Käfigeinstreu oder in geringer Menge in einem kleinen Napf angeboten.

Nagematerial gehört zu den wichtigsten Beschäftigungsmöglichkeiten für die kleinen Papageien.

10 wichtige Fütterungsregeln
1. Futter und Trinkwasser immer morgens geben.
2. Körnerfutter: Pro Vogel etwa 2 Eßlöffel Körner täglich. Dazu pro Vogel eine Rispe Kolbenhirse.
3. Täglich frisches Obst und Grünfutter (→ Seite 32).
4. So oft wie möglich ein Bündel frische Kräuter und Wildpflanzen.
5. Regelmäßig frische Zweige anbieten.
6. Alle 4 bis 6 Wochen eine Kur mit gekeimten Körnern (→ Praxis-Seite 30).
7. Täglich frisches Trinkwasser.
8. Frischkost gegen Mittag entfernen, weil sie schnell verdirbt.
9. Sämereien, die unberührt im Napf bleiben, nur entfernen, wenn sie verschmutzt sind. Dann leere Hülsen herauslesen und den Körnerfutterrest ergänzen.
10. Vögeln in Brutstimmung Aufzuchtfutter (→ Seite 44) anbieten.

Was tun, wenn ein Vogel krank wird?

Solange Sie die Grundregeln einer artgemäßen Vogelhaltung befolgen, werden Sie kaum Probleme mit ernsthaften Erkrankungen Ihrer Vögel haben. Am ehesten sind Erkältungen, Verletzungen, Tumorerkrankungen und Verdauungsstörungen möglich, bei Volierenvögeln aber auch Infektionen, die durch freilebende Tiere übertragen werden können.

Krankheitsanzeichen erkennen

Leider kann man nicht jede Vogelkrankheit an deutlichen Anzeichen erkennen. Alarmzeichen sind aber in jedem Fall:
- Ein aufgeplustertes Gefieder.
- Verstärkte Atmung.
- Kein Kotabsatz.
- Hängende Flügel.
- Lähmungen an den Füßen.
- Das Sitzen auf beiden Beinen.
- Ein übermäßiges Schlafbedürfnis.
- Der kranke Vogel frißt kaum etwas.
- Der Vogel wirkt apathisch.

<u>Erste-Hilfe-Maßnahmen:</u> Bemerken Sie eines oder mehrere dieser Alarmanzeichen, sollten Sie den Vogel von seinen Artgenossen isolieren und in einem kleinen Krankenkäfig unterbringen. Als Krankenkäfige eignen sich kleinere Kistenkäfige oder spezielle Krankenboxen, die Sie im Zoofachhandel kaufen können. Verwenden Sie einen rundum vergitterten Käfig, verhängen Sie drei Seiten mit Tüchern, der Vogel hat so mehr Ruhe. Bei Schockzuständen (zum Beispiel Fliegen gegen eine Fensterscheibe), den Käfig 2 bis 4 Stunden völlig abdecken beziehungsweise abdunkeln! Neben Ruhe – und der eventuellen medikamentösen Behandlung – hilft bei vielen Erkrankungen vor allem Wärme. Deshalb empfehle ich Ihnen die Anschaffung eines Infrarot-Dunkelstrahlers von 100 bis 150 Watt. Bei der Anwendung müssen Sie folgendes beachten: Stellen Sie den Strahler etwa 60 cm vom Käfig entfernt auf und richten Sie die Lampe nur auf eine Seite des Käfigs, damit der Vogel in die kühlere Hälfte ausweichen kann, falls es ihm zu warm ist (→ Zeichnung rechts). Hängen Sie außerdem – für den Vogel unerreichbar! – ein Thermometer an den Käfig, um jederzeit die Temperatur, die unter der Lampe herrscht, kontrollieren zu können. Die Temperatur darf 35 bis 38 °C nicht übersteigen. Rotlichtlampe im 5 bis 10 Minutenrhythmus immer ein Stückchen weiter vom Käfig wegrücken, damit der Vogel nicht abrupt der kühleren Zimmertemperatur ausgesetzt ist (Erkältungsgefahr).

Krankheiten, die häufiger vorkommen

Nachfolgend habe ich Ihnen die häufigsten Krankheiten der Unzertrennlichen zusammengestellt. Weiterführende Informationen zum Thema Krankheiten finden Sie in der Fachliteratur (→ Seite 63).

Darmerkrankungen

<u>Krankheitsanzeichen:</u> Neben den allgemeinen Krankheitserscheinungen kommt es zu Durchfall, starkem Durst und vermindertem Appetit. <u>Mögliche Ursachen:</u> Wurmbefall (→ Seite 37), bakterielle Infektionen, Erkältung oder die Aufnahme giftiger Stoffe.

Achten Sie beim Krallenschneiden darauf, daß Sie das Blutgefäß, das in der Kralle verläuft, nicht verletzen. Halten Sie die Kralle gegen eine Lichtquelle, dann erkennen Sie den Verlauf des Blutgefäßes.

Behandlung: Geben Sie Kamillentee zum Trinken; zur leicht verdaulichen und doch kräftigenden Krankenkost gehören Haferflocken, gekochter Reis, Biskuit, Kolbenhirse und Aufzuchtfutter. Gleichmäßig hohe Wärme von etwa 35 °C führt oft zu einer raschen Besserung. Mit einer Infrarotlampe können Sie am wirkungsvollsten helfen (→ links). Bringen Diät und Bestrahlung nicht innerhalb von 1 bis 2 Tagen den erhofften Erfolg, muß ein Tierarzt zu Rate gezogen werden.

Erkrankungen der Atmungsorgane
Krankheitsanzeichen: Niesen, Nasenausfluß, oft zusammen mit gleichzeitig auftretender Augenentzündung; schweres Atmen mit offenem Schnabel.
Mögliche Ursachen: Zugluft, zu kaltes Trinkwasser, Staub, Viren, Bakterien, Pilzinfektion, Fremdkörper, Tumoren, Luftsackmilben.
Behandlung: In leichten Fällen führt die Behandlung mit einer Infrarotlampe zu einer raschen Besserung, oft wird aber die Behandlung mit Antibiotika nötig sein. Sollte ein erkrankter Vogel mit offenem Schnabel ganz schwer atmen, liegt eine Lungen- oder eine Luftsackentzündung vor, die schnellstens vom Tierarzt behandelt werden muß.

Außenparasiten
Die Parasiten leben auf der Körperoberfläche und im Gefieder der befallenen Vögel.
Rote Vogelmilbe: Sie ist für Unzertrennliche besonders gefährlich. Die Milbe beunruhigt die Tiere, schwächt sie durch den Blutentzug und kann Krankheiten übertragen. Für gewöhnlich sind nur schlafende Tiere bei Nacht davon betroffen, denn bei Helligkeit ziehen sich diese Milben in Ritzen und Spalten zurück. Im Agapornidenkäfig finden sie jedoch sehr bald zum Nistkasten und gefährden dort auch bei Tag die darin ruhenden oder brütenden Papageien und am meisten die Nestlinge.
Fällt Ihnen auf, daß sich Ihre Vögel öfter als sonst kratzen und putzen, kann dies ein Hinweis auf Milbenbefall sein. Untersuchen Sie zuerst den Nistkasten, vor allem jene Stellen, wo die Bretter zusammengefügt sind, dann nehmen Sie die Sitzäste aus dem Käfig und schauen sich die Enden genau an. Wo Sitzstangen am Gitter festgeklemmt sind, gibt es ganz feine Spalten, die zu den Lieblingsplätzen der Roten Vogelmilben gehören.
Haben Sie noch irgendwelche Zweifel, breiten Sie abends ein helles Tuch über den Käfig. Bei Milbenbefall sitzt ein Teil der Parasiten am nächsten Morgen an der Unterseite des Tuches. Sie sind dunkel rotbraun, kugelrund und 0,2 bis 0,5 mm groß.

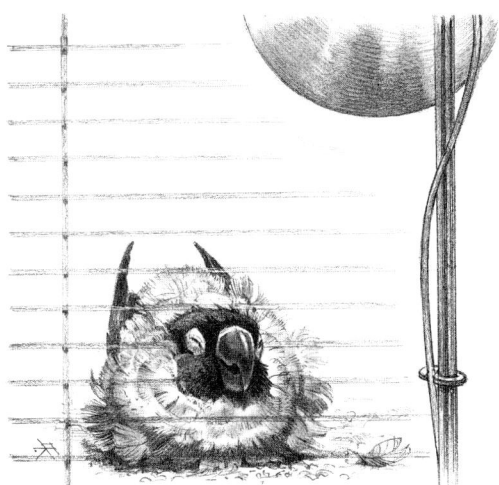

Kranke Vögel hocken oft mit aufgeplustertem Gefieder und halb geschlossenen Augen auf dem Käfigboden. Die Bestrahlung mit einer Infrarotlampe ist eine sinnvolle Erste-Hilfe-Maßnahme. Lampe etwa 60 cm entfernt vom Käfig aufstellen.

Trotz aller Zärtlichkeit kann es selbst unter einem Paar zu heftigen Meinungsverschiedenheiten kommen. Meist beschränken sich die Auseinandersetzungen auf Schnabelgefechte, bei denen aber kein Vogel Schaden nimmt. Fremde Artgenossen dagegen werden erbittert bekämpft und vertrieben.

Wer gewinnt wohl den »Kampf« um den Landeplatz?

Befallene Käfige müssen Sie gründlich reinigen, alle gefährdeten Stellen – in erster Linie Ritzen und Spalten – werden mit einem im Zoofachhandel erhältlichen Milbenspray behandelt (Gebrauchsanweisung beachten!).
Federlinge: Diese Parasiten sind relativ harmlos. Sie leben von Hautschuppen und Federteilchen und beunruhigen bei übermäßigem Auftreten die Vögel. Das Gefieder wird struppig und sieht aus wie »Mottenfraß«. Zu einem Überhandnehmen der Federlinge kommt es vielfach dann, wenn der befallene Vogel wegen einer Verletzung oder Anomalie des Schnabels sich nicht selbst von diesen Plagegeistern befreien kann.
Eine notwendige Behandlung muß hier am Vogel selbst erfolgen. Man staubt ihn mit Alugan-Puder (im Zoofachhandel erhältlich) oder einem anderen für Vögel verträglichen Mittel ein (Gebrauchsanweisung beachten!).
Hinweis: Es gibt noch einige andere Außenparasiten, die aber zum Glück nur selten in Erscheinung treten. Gegebenenfalls muß der Tierarzt feststellen, um welche Parasiten es sich handelt.

Innenparasiten
In den Eingeweiden des Vogels können sich Parasiten festsetzen. Befallen werden vor allem Unzertrennliche, die in Gartenvolieren leben. Die Vögel können sich dort durch den Kot freilebender Vögel – vor allem mit Würmern – infizieren.
Spulwürmer (Askariden): Diese Würmer brauchen keinen Zwischenwirt, und die Eier bleiben über sehr lange Zeit entwicklungsfähig. Am besten halten sie sich in feuchtwarmer Umgebung. Somit ist der feuchte Boden neben Wasserschalen im Sommer für diese Parasiten geradezu ideal. Typische Krankheitsanzeichen gibt es anfangs keine. Im fortgeschrittenen Stadium treten starke Verdauungsstörungen auf, und der befallene Vogel ist bereits sehr geschwächt. Eine erfolgreiche Behandlung kommt dann meist zu spät.
Haarwürmer (Capillaria): Für sie gilt das gleiche wie für die Spulwürmer.
Coccidien: Die einzelligen Coccidien zählen zu den Sporentierchen. Bei starkem Befall zerstören sie die Darmschleimhaut, haben jedoch bei sauber gehaltenen Vögeln keine Chance, sich gefährlich auszubreiten.
Zur Behandlung von Coccidiose und Wurminfektionen gibt es heute wirksame Präparate.
Hinweis: Da bei Wurminfektionen beziehungsweise Coccidiose anfangs keine Krankheitsanzeichen zu erkennen sind, sollte jeder Volierenbesitzer wenigstens einmal im Jahr den Kot seiner Vögel von einem Tierarzt untersuchen lassen.

Auswachsen von Krallen und Schnabel
Ursachen: Sitzäste mit zu geringem Durchmesser (→ Zeichnung, Seite 14); nach einer Verletzung abnormales Wachstum des Unter- oder Oberschnabels, hormonelle Störungen.
Behandlung: Krallen mit einer Krallenschere einkürzen (→ Zeichnung, Seite 34). Gehen Sie mit dem Vogel in Ihrer Hand zum Fenster – zur Vermeidung eines Schocks drehen Sie ihn nicht auf den Rücken. Im hellen Tageslicht läßt sich der Verlauf des Blutgefäßes in der Kralle gut erkennen. Der Schnitt ist so zu führen, wie es auf der Zeichnung angegeben ist. Einen Sicherheitsabstand zum Blutgefäß von etwa zwei Millimetern nicht vergessen! Trotz aller Vorsicht können jedoch Blutungen auftreten. Halten Sie daher ein blutstillendes Mittel bereit. Wenn Sie sich das Einkürzen nicht zutrauen, lassen Sie es von einem Tierarzt machen. Die Korrektur eines zu langen Schnabels kann nur der Tierarzt vornehmen.

Legenot

Anzeichen: Das Weibchen wirkt stark aufgeplustert und geschwächt, sein Hinterleib ist gerötet und geschwollen, und es hockt auf dem Boden.

Mögliche Ursachen: Unzureichend ernährte Vögel; zu junges Weibchen (dessen Becken zu eng sein kann); Fütterungs- und Haltungsmängel; Störungen am Eileiter; hormonelle Störungen; Weibchen sind bei zu kühlem Wetter in Brutstimmung gekommen.

Behandlung: Legenot am besten vom Tierarzt behandeln lassen!

Federrupfen

Glücklicherweise ist diese vor allem bei Graupapageien und Aras relativ oft zu beobachtende »Unart« bei Unzertrennlichen eher selten. Manche Elterntiere rupfen ihre Kinder im Nest (→ Seite 44), auch der Ehepartner kann auf diese Weise mißhandelt werden. Hat man das Pech, einen solchen »Rupfer« zu besitzen, ist manchmal guter Rat teuer, denn von den im Handel angebotenen Mitteln hilft kaum eines auf Dauer. Streßsituationen jeder Art und Langeweile dürften die vorwiegenden Ursachen sein. Zeigen Sie einen »Rupfer« auf jeden Fall Ihrem Tierarzt.

Die Papageienkrankheit

Diese früher so gefürchtete Krankheit ist schwierig zu diagnostizieren, weil sie sich nicht in eindeutigen Symptomen äußert. Erkrankte Vögel sind apathisch, scheiden zu weichen, oft mit Blutspuren versehenen Kot aus, haben Schnupfen, leiden an Atemnot oder haben eine Bindehautentzündung mit schleimigen Absonderungen an den unteren Augenlidern. Alle diese Symptome können einzeln oder gemeinsam auftreten.

Die Papageienkrankheit ist auch auf Menschen übertragbar. Sie tritt zwar heute seltener auf, kann sich aber besonders auf ältere oder kreislaufschwache Menschen sehr gefährlich auswirken.

Inzwischen gibt es die Möglichkeit, gesunde Vögel auf das Vorhandensein des Erregers der Krankheit zu untersuchen. Unzertrennliche können Träger dieser Krankheit sein, ohne sichtbare Krankheitszeichen und ohne selbst daran zu erkranken. Im akuten Fall können Menschen und Vögel bei rechtzeitiger Behandlung geheilt werden. Die Erkrankung an Ornithose ist meldepflichtig. Der Tierarzt wird Ihnen gegebenenfalls sagen, was zu tun ist.

Die Mauser

Der normale Gefiederwechsel, die Mauser, ist ein ganz natürlicher Vorgang und hat mit Krankheiten nichts zu tun. Da jedoch jeder Vogel durch die Neubildung seiner Federn belastet ist und sich ruhig verhält – sogar seine Körpertemperatur ist leicht erhöht –, schließen manche Vogelbesitzer auf eine Krankheit.

Sind die jungen Unzertrennlichen drei bis vier Monate alt, gibt es den ersten Gefiederwechsel. Nach dieser Jugendvollmauser ändert sich die Färbung von den blassen Tönen des Jugendgefieders zu den intensiven Farben der erwachsenen Vögel. Von nun an wiederholt sich die Mauser jedes Jahr, denn die ständige Abnutzung des Gefieders erfordert eine regelmäßige Erneuerung. Die Vögel brauchen jetzt hochwertiges Eiweiß, zusätzliche Vitamingaben und eine gute Mineralstoffmischung (→ Seite 32). Die im Zoofachhandel erhältlichen Mauserhilfen leisten hier ebenfalls gute Dienste. Manchmal dauert die Mauser bedeutend länger als die im Normalfall üblichen 2 Monate.

Nachwuchs bei Unzertrennlichen

Zu einem natürlichen Leben gehört zweifellos die Fortpflanzung. Vor dem Start einer Vogelzucht sind aber noch ein paar Überlegungen anzustellen. Wenn die Zucht klappt und sich Nachwuchs einstellt, gibt es neben der Mehrarbeit auch die Überlegungen, was später mit den Vogelkindern geschehen soll. Sobald die jungen Unzertrennlichen selbständig geworden sind, ist es nämlich mit dem Frieden zwischen den Generationen vorbei. Die Kinderschar muß herausgefangen und in einem eigenen Käfig untergebracht werden. Bedenken Sie bitte, daß sich das Spiel bei jeder geglückten Brut wiederholt.
Hinweis: Tadellose gesunde Vögel werden von manchen Zoofachhandlungen gerne genommen.

Keine Papageienzucht ohne Genehmigung

Die Zucht von Unzertrennlichen ist grundsätzlich erlaubt. Allerdings kann die Naturschutzbehörde die Zuchterlaubnis vom Nachweis abhängig machen, daß die Züchter über ausreichende Kenntnis und eine artgerechte Unterbringung verfügt. Ein Antrag »Zur Zucht und dem Handel mit Sittichen und Papageien« wird beim Ordnungsamt (Veterinäramt) der Stadt oder des Kreises gestellt. Daraufhin erfolgt ein Besuch des Amtstierarztes, der sich unter anderem vom Gesundheitszustand der Vögel und ihrer artgerechten und nach tiermedizinischen Aspekten einwandfreien Unterbringung überzeugt. Gegen Vorlage der Zuchtgenehmigung erhalten Sie dann beim Zentralverband Zoologischer Fachbetriebe oder von der AZ (→ Adressen, die weiterhelfen, Seite 63) das amtliche Nachweisbuch und die gesetzlich vorgeschriebenen Fußringe für Unzertrennliche.
Hinweis: In Österreich und in der Schweiz gelten andere Zuchtbestimmungen (→ Seite 63).

Die Paarung kann bei Agaporniden mehrere Minuten dauern. Ihr voraus gehen ausgeprägte Balzrituale.

Wie kommt man zu Zuchttieren?

In der Natur findet ein Agaporniden-Paar oft erst nach Ablauf eines komplizierten Balzverhaltens zueinander. Auch die gegenseitige Sympathie kann dabei eine wesentliche Rolle spielen. Einige

Dieses Weibchen hat reichlich Nistmaterial in den Nistkasten eingebracht.

Bei den Arten mit weißem Augenring, wie hier im Bild rechts das Schwarzköpfchen – tragen die Weibchen das Nistmaterial mit dem Schnabel in den Nistkasten ein. Der Nestbau dauert – je nach Art – 10 bis 20 Tage. Nach der Eiablage bebrütet das Weibchen die Eier.

Agaporniden-Arten bescheren uns ein zusätzliches Problem: die Geschlechter sind schwer zu bestimmen (→ Seite 12). <u>Zuchtvögel</u> sollen nicht jünger als etwa 10 Monate sein. Sind sie älter als 5 Jahre, kann man sie nicht mehr als die idealen Zuchttiere bezeichnen. (Ist der Vogel mit einem Fußring versehen, können Sie das Alter daran ablesen.) Am besten ist es, wenn die Tiere selbst entscheiden, mit wem sie sich verpaaren wollen. Schauen Sie also, welche Tiere beim Händler oder Züchter nebeneinander sitzen und sich sichtlich gut verstehen. Der Kauf eines solchen Paares bringt Ihnen mit großer Sicherheit ein harmonisierendes Paar, das sich wahrscheinlich auch bei der Zucht gut bewähren wird.

Die notwendigen Vorbereitungen
Bei der Haltung von jeweils nur einem Paar pro Käfig oder Voliere erzielt man die sichersten Zuchterfolge. Der Käfig für ein Zuchtpaar sollte ungefähr 100 x 50 x 70 cm messen. Bei einigen

Arten ist eine Koloniebrut möglich (→ Seite 10). Stirbt allerdings in einer solchen Kolonie ein Tier, erweist sich der überlebende Partner in der Regel als arger Störenfried.

Rosenköpfchen etwa würden zwar nahezu das ganze Jahr brüten, doch ist das Frühjahr zweifellos die beste Zeit, um einen Zuchtversuch zu machen. Stellen Sie den Vögeln den passenden Nistkasten und genügend Nistmaterial zur Verfügung (→ Praxis-Seite 42). Drei Faktoren sind allerdings noch von großer Wichtigkeit:
- Vermeiden Sie jegliche unnötige Störung während der Balz, Brut und Aufzucht.
- Achten Sie darauf, daß – bei Zimmerhaltung – genügend Luftfeuchtigkeit vorhanden ist (→ Probleme bei der Zucht, Seite 44).
- Durch eiweißreicheres Futter (→ Seite 44) können Sie die Brutbereitschaft der Vögel fördern.

Hinweis: In den Steckbriefen der einzelnen Agaporniden-Arten ab Seite 51 finden Sie unter dem Stichwort Zucht detaillierte Angaben.

Nestbau und Paarung

Der Nestbau ist Frauenarbeit. Die Weibchen von Rosenköpfchen, Taranta-Papageien, Grau- und Orangeköpfchen mühen sich sogar damit ab, die abgenagten Zweig- und Rindenstücke ins Körpergefieder zu stecken und dann mit der Last schwerfällig wie ein überladenes Flugzeug zum Nest zu fliegen. Sie transportieren Nistmaterial aber auch mit dem Schnabel, wie es bei den anderen Arten – mit weißem Augenring – der Brauch ist. Der Nestbau dauert – je nach Art – 10 bis 20 Tage. Schon während dieser Zeit kommt es häufig zur Paarung.

Der Paarung voraus geht die Partnerwahl, die ja bereits lange vor der Paarung stattfindet (→ Seite 46). Gegenseitige Gefiederpflege und Fütterung als Sympathiebeweise sind das ganze Jahr zu beobachten. Zur Brutzeit wird dies nun alles viel deutlicher. Ständig sitzen die beiden nebeneinander, dazwischen würgt das Männchen Futter hoch und füttert sein Weibchen. Dann trippelt er auf dem Sitzast auf und ab, fliegt ein kurzes Stück hoch, landet einmal rechts, dann wieder links neben der Angetrauten. Er ist äußerst aufgeregt, was unschwer zu erkennen ist, denn immer wieder muß er sich kratzen. Schließlich gibt sie zu erkennen, daß sie einer Vereinigung nicht abgeneigt ist. Sie duckt sich mit etwas gebreiteten Flügeln hin, stellt die Schwanzfedern in die Höhe und legt den Kopf zurück. Jetzt steigt das Männchen auf ihren Rücken, und es kommt zur Paarung, die mehrere Minuten dauern kann (→ Zeichnung, Seite 39). Die Gefiederpflege beendet den Liebesakt.

Eiablage und Brut

Die Eiablage beginnt bereits wenige Tage nach der ersten Paarung. Jeden zweiten Tag wird ein weißes Ei gelegt, fünf Eier sind ein guter Durchschnitt.

Das Brüten ist wie der Nestbau bei den Unzertrennlichen ausschließlich Angelegenheit des weiblichen Geschlechts. Das Männchen wacht nur in Nestnähe und versorgt seine Partnerin mit Futter; das heißt, sie wird von ihm aus dem Schnabel gefüttert. Einige Male am Tag verläßt sie für ganz kurze Zeit das Nest, setzt Kot ab, trinkt und badet.

Hinweis: In der Obhut des Menschen fehlen jene Faktoren, die im Freileben eine Brut unmöglich machen, wie etwa eine Dürreperiode mit akutem Nahrungsmangel. Mehr als 3 Bruten im Jahr belasten die Weibchen zu sehr. Eine Pause bis zum nächsten Frühjahr muß einfach sein, selbst wenn man den Vögeln die Nistkästen wegnehmen muß.

Die Eiablage erfolgt in 2tägigen Abständen. Im Durchschnitt besteht ein Gelege aus etwa 5 weißen Eierchen.

PRAXIS
Brut

Damit Ihre Agaporniden in Brutstimmung kommen, ist ein Nistkasten der wesentliche Auslöser. Der Zoofachhandel bietet verschiedene Nistkastenmodelle an. Sie können einen Nistkasten aber auch selber bauen.

Bei allen Nistkästen zu beachten
Material: Chemisch unbehandeltes, ungehobeltes Naturholz. Auch Starennistkästen aus Holzbeton. Keine Spanplatten oder tropisches Holz!
Nistkastengröße: 20 cm lang, 20 cm breit, 25 cm hoch oder 25 cm lang, 15 cm breit, 20 cm hoch. Durchmesser des Einschlupflochs 5 cm, für Rosenköpfchen 7 cm.
Aufhängen: Nistkasten im Käfig aus Platzgründen vor die geöffnete Käfigtür hängen. In Zimmer- und Gartenvolieren Nistkasten an einer Wand so hoch aufhängen, daß Sie bequem herankommen. Leben mehrere Paare in einem Gehege zusammen, alle Nistkästen in gleicher Höhe aufhängen. In Gehegen ist es gut, 2 Nistkästen pro Paar aufzuhängen, damit es bei der Nistplatzwahl keine großen Auseinandersetzungen gibt und die Vögel ausweichen können.

Nistkastenmodelle
Beim Kauf oder Bau eines der in den Zeichnungen abgebildeten Nistkastenmodelle sollten Sie folgendes beachten:

Querformatiger Nistkasten
Zeichnung 1
Der querformatige Nistkasten braucht keine Kontrollklappe, denn er kann von oben geöffnet werden. Im Fachhandel werden Nymphensittichnistkästen angeboten, die diesem Format entsprechen und auch die richtige Größe haben.

Ablaufkasten
Zeichnung 2
Der Ablaufkasten imitiert eine tiefe Baumhöhle und wird deshalb gern von Unzertrennlichen als Nistplatz angenommen. Von

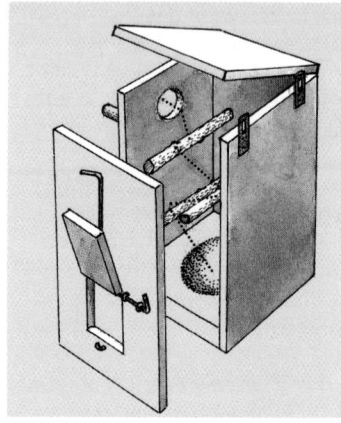

3 | Hochformatiger Nistkasten mit Kontrollklappe, die von außen geöffnet werden kann.

Vorteil ist es, daß die Agaporniden wegen des schrägen Abstiegs nicht auf das Gelege springen. Übrigens gibt es auch Naturstämme als Nistgelegenheit zu kaufen. Sie sind sehr empfehlenswert, denn sie ähneln einer Baumhöhle am meisten.

Hochformatiger Nistkasten
Zeichnung 3
Der Nistkasten sollte im unteren Drittel eine Kontrollklappe haben, durch die Sie mit der Hand hineingreifen können. Gut ist es, wenn die Klappe geöffnet feststellbar ist und von außen verriegelt werden kann. Im Innenteil, unterhalb des Einschlupflochs können Holzleisten für den Abstieg der Vögel befestigt sein.

Nistmaterial anbieten
Das Nest wird immer vom Weibchen gebaut. Stellen Sie dafür ausreichend Nistmaterial zur Verfügung. Unzertrennliche holen

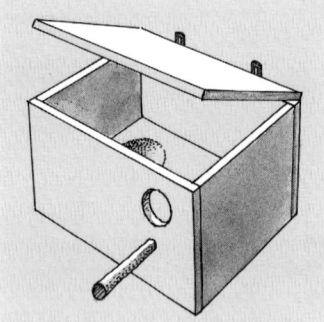

1 | Querformatige Nistkästen brauchen keine Kontrollklappe.

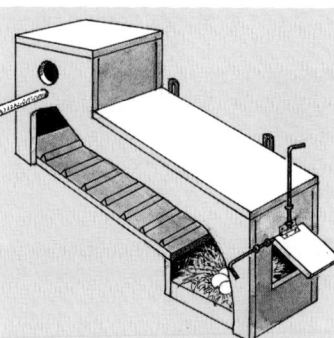

2 | Ablaufkästen imitieren den Abstieg in eine tiefe Baumhöhle.

sich in der Natur das Nistmaterial von Bäumen und Sträuchern. Hängen sie deshalb ein Bündel frisch geschnittener Äste so auf, daß es vom Käfig- oder Volierendach in das Innere hinabhängt. Ergänzen Sie das Angebot täglich, denn auch während der Brut wird ständig weitergebaut und ausgebessert. Nistmaterial, das auf dem Boden liegt, findet meist keine besondere Beachtung. Außer Zweigen und Rindenstückchen werden auch die Stengel der Kolbenhirse, Blätter und Blattstreifen als Nistmaterial verwendet.

Die Handaufzucht

Manchmal wird es nötig, ein Agapornidenjunges per Hand aufzuziehen. Das kann verschiedene Gründe haben, zum Beispiel, wenn die Eltern beginnen, ihre Kinder zu mißhandeln (→ Seite 44), oder das zuletzt geschlüpfte Junge läuft Gefahr, von den schon größeren und schwereren Geschwistern im Nest erdrückt zu werden. Die Aufzucht durch eine Vogelamme wäre die beste Möglichkeit, das Vogelleben zu retten. Es könnte auch ein Wellensittichpaar oder ein Singsittichpaar sein, das gerade Junge im Nest hat. Doch diesen Idealfall gibt es selten. Also bleibt nur die Handaufzucht.
Haltung: Noch unbefiederte Agapornidenkinder brauchen eine Umgebungswärme von etwa 32 °C. Man setzt sie in eine Pappschachtel, deren Boden mit einer Lage Zellstoff ausgelegt ist und bestrahlt sie aus einer Entfernung von etwa 60 cm mit einer Wärmelampe. Die Temperatur

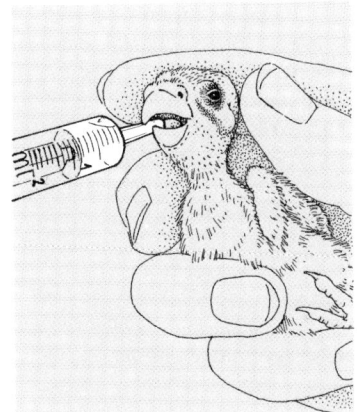

4 | In den ersten Tagen wird das Junge mit Hilfe einer Einwegspritze gefüttert.

muß ständig kontrolliert werden, denn selbst auf geringe Temperaturschwankungen reagieren die jungen Papageien mit Unbehagen. Mit zunehmender Befiederung kann die Temperatur abgesenkt werden. Die Pflegekinder werden jetzt unternehmungslustiger (→ Seite 44) und müssen bald in einem separaten Käfig untergebracht werden.
Hinweis: Handaufgezogene Agaporniden werden besonders zahm und anhänglich. Handelt es sich aber um ein »Einzelkind«, wird es kaum mehr Anschluß zu Artgenossen finden, sondern lieber in der vertrauten menschlichen Gesellschaft bleiben.

Füttern in den ersten Lebenstagen
Zeichnung 4
In den ersten Lebenstagen die Jungen alle 2 bis 3 Stunden mit Futterbrei versorgen.

Futterbrei: Babynahrung mit einem Zusatz von Futterkalk und eines Vitaminpräparates.
Zum Füttern den winzigen Jungvogel in die Hand nehmen, und den Futterbrei mit Hilfe einer Einwegspritze (ohne Spitze) verabreichen. Den Futterbrei im Wasserbad auf 38 °C erwärmen.

Größere Jungvögel füttern
Zeichnung 5
Nach etwa einer Woche können Sie die Jungtiere bereits mit einem Teelöffel füttern. Dem Futterbrei (→ oben) wird nach und nach eine Aufzuchtfuttermischung (→ Seite 44) beigemengt. Füttern Sie jetzt in etwa

5 | Ältere Jungtiere nehmen den Futterbrei von einem Teelöffel.

3- bis 4-stündigen Abständen. Gesunde und kräftige Jungvögel machen sich jetzt schon von selbst deutlich bemerkbar, wenn sie Hunger haben. Eine tägliche Gewichtskontrolle ist empfehlenswert.

Dieses etwa sechs Tage alte Agapornidenjunge ist noch winzig. In den ersten 5 bis 6 Wochen nach dem Schlüpfen füttert das Weibchen den Nachwuchs. Dann übernimmt das Männchen für weitere zwei Wochen die Versorgung der Jungen.

Schlüpfen und Aufzucht der Jungen

Nach 21 bis 25 Tagen – dies ist nicht nur von Art zu Art verschieden, sondern auch von verschiedenen äußeren Faktoren abhängig –, schlüpft das erste Junge; manchmal sogar zwei oder drei gleichzeitig, wenn das Weibchen erst vom zweiten oder dritten Ei an mit der Brut begonnen hat.

Wenn alles glatt verläuft (→ Probleme bei der Zucht, rechts), sprengen die Jungen mit ihrem Eizahn nahe der Oberschnabelspitze die Schale auf.

<u>Das Füttern</u> der Jungvögel übernimmt anfangs (in den ersten 5 bis 6 Wochen) das Weibchen. Danach werden sie etwa 2 Wochen lang vor allem vom Männchen mit Futter versorgt.

Schon vor Brutbeginn müssen die Elterntiere an gutes Aufzuchtfutter gewöhnt werden. Gequollene und gekeimte Körner, grüne Hirse, frische Rispen von Gräsern werden gerne angenommen. Von freilebenden Tieren ist bekannt, daß sie ihren Nachwuchs auch mit Insekten und Würmern versorgen. Daher ist den Unzertrennlichen zusätzlich ein eiweißreiches Aufzuchtfutter zu bieten. Verschiedene Erzeugerfirmen bringen ein Fertigfutter auf den Markt, das durch einen Zusatz von geriebenen Karotten, gekochtem und zerkleinertem Eidotter und krümeligem Quark (Topfen) noch etwas verbessert werden kann. Diese Zusätze verderben bei warmem Wetter innerhalb von Stunden. Die Reste rechtzeitig entfernen!

<u>Selbständig</u> sind die Jungen mit etwa 8 Wochen. Bringen Sie die Jungvögel nun in einem eigenen Käfig unter.

In den Steckbriefen ab Seite 51 finden Sie unter dem Stichwort »Zucht« Hinweise auf die Jungenentwicklung der einzelnen Arten.

<u>Hinweis:</u> Sofern das Weibchen nicht schon wieder gelegt hat, jetzt Nistkasten reinigen und desinfizieren (→ Seite 24).

Probleme bei der Zucht

<u>Schwierigkeiten beim Schlüpfen:</u> Schlupfreife Junge sind nicht immer in der Lage, mit ihrem Eizahn die Schale zu durchbrechen. Die Ursachen können mangelhafte Ernährung sein, oder die Luft im Raum ist zu trocken.

Reichen Sie auch während der Brut täglich frische Zweige. Sie werden ins Nest eingetragen, zerfasert und geben etwas Feuchtigkeit an die Umgebung ab.

Sorgen Sie für ein flaches Badegefäß. In kurzen Brutpausen nehmen die Weibchen oft ein Bad und setzen sich dann mit dem nassen Gefieder auf die Eier.

Erhöhen Sie die Luftfeuchtigkeit im Raum (Pflanzen, Wasserbecken, Luftbefeuchter, Zimmerspringbrunnen). Zusätzliche Maßnahmen erübrigen sich meistens. Manche Züchter sprühen den Nistkasten auch täglich mit Wasser an. Durch das Holz zieht die Feuchtigkeit allmählich nach innen.

<u>Federn knabbern:</u> Manchmal werden den kleinen Agaporniden von ihren Eltern im Nest die sprießenden Federn abgebissen. Ist davon nur eine kleine Hautfläche betroffen, genügt es, diese Stelle mit etwas Hautcreme zu betupfen. Mitunter werden die Vogelkinder aber auch gänzlich ihrer Federn beraubt. Langeweile, unzureichende Ernährung und schlechtes Raumklima können die Ursachen sein. Die gerupften Kinder lassen manche Züchter durch ein grobes Gitter, das eine Nistkastenwand ersetzt, von den Eltern weiterfüttern. Das Einschlupfloch ist verschlossen. Natürlich wird es nötig sein, die Kleinen auch zu wärmen. Wer genügend Zeit hat, kann sich aber auch selbst als Ziehvater oder Ziehmutter betätigen. Eine praktische Anleitung für die Handaufzucht finden Sie auf der Praxis-Seite 43.

Holzwolle als Nistmaterial hat es diesen Agaporniden besonders angetan.

Unzertrennliche verstehen lernen

Im täglichen Umgang mit Ihren Unzertrennlichen werden Sie typische Verhaltensweisen und Eigenarten der Vögel beobachten und schon bald auch richtig deuten können.

Das können Sie beobachten

Schnabel im Rückengefieder: Das Köpfchen seitlich nach hinten gedreht und den Schnabel im Rückengefieder versteckt ist die Schlafstellung vieler Unzertrennlicher (→ Zeichnung, Seite 46).
Auf einem Bein ruhen: Hat der Vogel ein Bein ins Bauchgefieder eingezogen, zeigt das eine gelassene Haltung. Viele Unzertrennliche ruhen auch auf einem Bein, wenn sie schlafen.
Beide Flügel anheben: Der Vogel hebt die geschlossenen Flügel nach oben und sieht sehr schlank aus. In dieser Form streckt er sich. Auch wenn es Unzertrennlichen zu warm ist, heben sie die Flügel an, um Wärme abzugeben.
Körper strecken: Wenn Agaporniden erschrecken, legen sie das Gefieder glatt an und strecken den Körper.
Kräftiges Flügelschlagen: Käfig und Zimmervoliere bieten nicht genügend Platz zum Flug. Den aufgestauten Drang nach fliegenden Bewegungen reagieren die Vögel durch kräftiges Flügelschlagen ab.
Nahrung aufnehmen: Die kleinen Papageien enthülsen mit Hilfe ihres recht kräftigen Schnabels und ihrer beweglichen Zunge Samenkörner. Die leeren Hülsen fallen meist zurück in den Futternapf, und so bildet sich im Laufe des Tages eine Schicht von unbrauchbarem Abfall. Die unter der Hülsenschicht liegenden noch »guten« Körner finden die Agaporniden nicht. Vielleicht denken Sie jetzt, Ihre Vögel seien nicht besonders intelligent, wenn sie nicht einmal den Futternapf mit dem Schnabel nach genießbarem Futter durchstochern. Doch dieses Urteil ist leicht zu revidieren, wenn Sie bedenken, wie sich Unzertrennliche in der Natur ernähren. Sie holen sich ihre Nahrung von Grasrispen und von Zweigen; für sie gibt es das Wühlen und Stochern nach Nahrung, wie es uns jede Amsel im Park vorführt, einfach nicht.
Gefiederpflege: Bei der täglichen Gefiederpflege wird jede einzelne Feder durch den Schnabel gezogen, sorgfältig mit der Zunge bearbeitet, gesäubert und geglättet (→ Zeichnung, Seite 26).

Typische Schlafhaltung der Unzertrennlichen: Der Kopf ist nach hinten gedreht, der Schnabel im aufgeplusterten Rückengefieder versenkt, die Augen sind geschlossen.

Abgenutzte Federn werden entfernt. Der Vogel fettet auch die Federn ein. Er entnimmt das Fett mit dem Schnabel der Bürzeldrüse, die kurz vor dem Schwanzansatz unter den Federn versteckt ist.

Gegenseitige Gefiederpflege: Die sogenannte soziale Körperpflege ist bei den Unzertrennlichen besonders ausgeprägt (→ Zeichnung, Seite 2). Die Vögel kraulen sich gegenseitig mit dem Schnabel insbesondere das Kopfgefieder. Die praktische Bedeutung dieses Verhaltens liegt nahe, denn der Einzelvogel kann mit dem Schnabel nicht sein Kopfgefieder erreichen. Für den Partner ist das jedoch eine Kleinigkeit. Andererseits gehört die gegenseitige Gefiederpflege zum Zärtlichkeitsverhalten der sozialen Lebewesen (→ Das Sozialverhalten, Seite 48). Diese Freundlichkeit wird entweder dem Partner oder den noch nicht selbständigen Jungen zuteil. Der Partner kann zu dieser sozialen Geste auch aufgefordert werden: Der Kopf wird ihm etwas geneigt hingehalten, das Kopfgefieder ist leicht gesträubt, die Augen sind halb geschlossen.

Typische Fähigkeiten

Lediglich über den Geschmackssinn der Agaporniden läßt sich eine relativ sichere Aussage machen. Er ist recht gut ausgeprägt. Diesen Schluß läßt vor allem die Beobachtung an Unzertrennlichen zu, die in der Obhut des Menschen leben. Als Heimvögel entwickeln sie nämlich Abneigungen und Vorlieben für bestimmte Futterarten.
Genaue wissenschaftliche Untersuchungen über die Hörfähigkeit, das Sehen und Riechen gibt es bisher leider noch nicht. Hier kann jeder Pfleger von Unzertrennlichen eigene »Vogelforschung« betreiben, indem er seine Vögel genau beobachtet.

Der natürliche Lebensraum

In ihrer afrikanischen Heimat leben Unzertrennliche in offenen Landschaften und entfernen sich nicht allzuweit von Wasserstellen, denn Agaporniden halten es ohne zu trinken nicht lange aus. Nur eine Art, das Grünköpfchen (→ Steckbriefe, Seite 51), über dessen Leben wir wenig wissen, ist ein ausgesprochener Waldbewohner.

Der Nestbau ist Frauensache. Hier trägt ein Weibchen eifrig Nistmaterial in die Bruthöhle ein.

In die von Agaporniden bewohnten Landstriche ist heute auch der Mensch eingedrungen, um sie für seine Zwecke zu nützen. Die kleinen Papageien profitieren so vom Ackerbau, von künstlichen Wasserstellen und fanden sogar an Gebäuden neue Möglichkeiten für den Bau ihrer Nester. Für die Vögel ergab sich aber auch eine neue Gefahr, denn verständlicherweise haben Menschen an gefiederten Nahrungskonkurrenten, die gleich in Schwärmen von mehreren hundert Tieren angeflogen

Ob die Beiden bereit sind, ihren Sitzplatz mit dem Pfirsichköpfchen zu teilen?

Das Fliegen spielt bei den Unzertrennlichen eine größere Rolle als das Klettern. In der Obhut des Menschen haben die Agaporniden einen Weg gefunden, ihrem aufgestauten Drang nach fliegender Bewegung Abhilfe zu schaffen. Sie klammern sich mit den Füßen an einen Sitzast und schwirren kräftig mit den Flügeln.

kommen, keine Freude und bekämpfen sie, wo es nur geht.

Über die Reviergrößen in freier Wildbahn hat der Zoologe Hösch Informationen geliefert. Rosenköpfchen halten sich in einem Gebiet von etwa 5 km Durchmesser auf. Sie werden morgens noch vor Sonnenaufgang aktiv, aber später als die anderen Vögel dieser Gegend. Mindestens zweimal täglich kommen sie in kleinen Schwärmen zur Wasserstelle, das erste Mal ungefähr eine Stunde nach Sonnenaufgang.

Das Sozialverhalten

Außerhalb der Brutzeit finden sich Unzertrennliche zu größeren Verbänden zusammen. Das kann die Familiengruppe von 5 bis 7 Vögel sein, aber auch – an einem günstigen Nahrungsplatz – ein großer Schwarm von über hundert Tieren. Selbst innerhalb dieser Schwärme ist die Beziehung zum Partner von besonderer Bedeutung. Sie wird durch verschiedene Verhaltensweisen hergestellt und immer wieder aufs neue gefestigt.

Schon nach der ersten Mauser finden die jungen Pärchen zusammen. Sie sitzen und schlafen nebeneinander und suchen den engen körperlichen Kontakt mit dem Partner. Solche Bindungen halten bei Unzertrennlichen bis zum Tod eines Paarteiles.

Partnerfütterung: Agaporniden-Paare füttern sich das ganze Jahr über gegenseitig, wobei das Männchen der aktivere Teil ist. Zur Brutzeit wird dieses Verhalten intensiver und bekommt eine praktische Bedeutung, denn das brütende Weibchen wird nun tatsächlich gefüttert. In der übrigen Zeit muß dies nicht immer der Fall sein, man tut nur so, als möchte man den Partner füttern. Dieses symbolische Füttern dient der Festigung der Beziehung zwischen den Partnern, ebenso wie die soziale Körperpflege (→ Seite 47). Um seine Partnerin zu füttern, muß das Männchen Nahrung aus dem Kropf emporwürgen. Dies geschieht unter charakteristischen pumpenden Bewegungen, die für die Paarung einen ganz bestimmten Signalwert haben. Paarungsbereite Weibchen erkennen daran die Absichten des werbenden Männchens und begeben sich in die bereits beschriebene Aufforderungsstellung (→ Seite 41).

Ungeduldige Männchen wollen dieses Zeremoniell – soziale Körperpflege und Partnerfütterung vor der Begattung – nicht einhalten. Sie trippeln seitlich an ihr Weibchen heran und versuchen gleich aufzusteigen. Da kann es geschehen, daß es mit offenem Schnabel abgewehrt wird. Ein kurzer Kampf, das Männchen richtet sich auf und schlägt mit den Flügeln, und seine Aktivität ist für diesmal beendet.

Gleichgeschlechtliche Paare: In der Natur haben Unzertrennliche die Möglichkeit, sich ihren Partner auszusuchen. Es kommt nicht dazu, daß sich zwei Männchen oder zwei Weibchen als Paar

Diesmal scheint die Sitzverteilung kein Problem zu sein.

zusammenfinden. Bei Heimvögeln dagegen passiert es häufig, daß der Papageienpfleger zwei Männchen oder zwei Weibchen zusammen in einen Käfig setzt, weil er ihr Geschlecht nicht unterscheiden kann (→ Seite 12). Aus der Not heraus verhalten sich die Vögel wie ein zärtliches Paar. Ein Männchen-Paar wird kein Nest bauen, denn das ist bei den Unzertrennlichen eine reine »Frauensache« (→ Seite 41). Ein Weibchen-Paar hingegen geht schon weiter. Sie sind zueinander liebevoll, wobei ein

Vogel die Männchenrolle übernimmt, bauen ein Nest und legen Eier. Allerdings oft mehr als zehn Stück. Spätestens dann hat wohl jeder erkannt, daß hier etwas nicht ganz stimmt.

Das Nest – Brutstätte und Zufluchtsort
Für den Bau ihrer Nester werden von Unzertrennlichen die verschiedensten Möglichkeiten genützt.
Schwarz- und Pfirsichköpfchen brüten zwar vorwiegend in den Höhlungen von Affenbrotbäumen, aber ebenso an Gebäuden oder in leeren Vogelnestern. Das Rosenköpfchen ist genauso vielseitig. Außerdem hat es sich in einigen Verbreitungsgebieten zum Stadtbewohner entwickelt und brütet in Okahandja und in Windhoek (Namibia) an Gebäuden. Schwarzköpfchen und Pfirsichköpfchen sind die perfektesten Nestbauer unter den Papageien. Sie werden eigentlich nur vom südamerikanischen Mönchssittich übertroffen, der in den Bäumen freistehende Kolonienester aus Zweigen und Reisig errichtet. In den Nistkästen sind die Nester der beiden Agaporniden-Arten immer zweiteilig, wobei sich in der Höhe des Einschlupfloches eine Vorkammer befindet.
Wie lange an solchen Nestern gebaut wird, ist ganz verschieden. Von meinen Pfirsichköpfchen waren manche schon nach 13 Tagen mit dem Nestbau fertig, andere brauchten 37 Tage dazu. Solange es noch keine Eier gibt, wird ständig gebaut, wobei sich der Querschnitt des Nestes immerfort ändern kann.
Das ganze Jahr hindurch hat das Nest die Bedeutung eines »Heimes erster Ordnung«, um einen von dem bekannten Tierpsychologen Professor Hediger geprägten Begriff zu verwenden.
Schon wenige Tage nach Baubeginn wird im Nest geschlafen, bei Gefahr hineingeflüchtet und das Nest gegen Artgenossen verteidigt.

Natürliche Feinde
Abgesehen von verschiedenen Parasiten sind die Unzertrennlichen in ihren Heimatländern besonders durch auf den Fang von Kleinvögeln spezialisierte Falken und andere Greifvögel gefährdet. Die relativ langsam fliegenden kleinen Papageien fallen ihnen besonders beim Überqueren weiter, offener Flächen zum Opfer. Mitunter dringen Schlangen in die Nester ein und verschlingen gleich den ganzen Nachwuchs. Wildkatzen, Schleichkatzen und manche kletternden Nagetiere, die bis zu den Nestern der Unzertrennlichen vordringen können, werden ebenfalls gelegentlich zu Feinden der Unzertrennlichen. Wie den meisten wildlebenden Tieren droht ihnen aber die größte Gefahr vom Menschen, besonders jenen Arten (→ Steckbriefe, Seite 51), die es auf seine Getreidefelder abgesehen haben.

Beim Trinken schöpfen Unzertrennliche mit dem Oberschnabel Wasser, heben dann den Kopf und lecken das anhaftende Wasser mit der Zunge ab.

Agaporniden-Arten – Steckbriefe mit Pflegetips

Unzertrennliche reinrassig erhalten
Roseköpfchen werden bereits so zahlreich gezüchtet, daß sich größere Einfuhren erübrigen. Auch bei den Schwarzköpfchen und Pfirsichköpfchen könnte es bald so weit sein. Somit kann also hier die Nachfrage aus den Kreisen privater Vogelfreunde schon in großem Maße mit nachgezüchteten Tieren gedeckt werden, eine Entwicklung, die sehr zu begrüßen ist.
Die übrigen Formen – Orangeköpfchen, Grauköpfchen, Taranta-Papageien, Ruß- und Erdbeerköpfchen – sind schwieriger zu züchten und aufgrund der heutigen strengen Einfuhrbestimmungen auch auf den Angebotslisten der Zoofachhändler kaum mehr zu finden. Gelegentlich hat aber ein Züchter Nachzuchttiere abzugeben. Es könnte also durchaus sein, daß auch Sie eines Tages in den Besitz solcher Unzertrennlichen kommen. Wenn ja, so betrachten Sie bitte diese Geschöpfe als einen wertvollen Schatz, den es zu hüten und nach Möglichkeit zu mehren gilt.
Kreuzungsexperimente mit Unzertrennlichen sind von Vogelliebhabern schon genug gemacht worden. Die Erhaltung reinrassiger Zuchtstämme ist viel wichtiger. Von einigen Arten gibt es heute eine ganze Reihe verschiedener Farbspielarten. Mutationen, die gelegentlich auch in freier Wildbahn auftreten, hier aber nur ganz geringe Überlebenschancen haben, werden von den Vogelliebhabern gehegt und weitergezüchtet. Dies ist schon beinahe eine Wissenschaft für sich, denn außer großer Erfahrung als Züchter braucht man dazu Grundkenntnisse auf dem Gebiet der Vererbungslehre. Schließlich aber auch einiges Verantwortungsgefühl, denn die Weiterzucht wildfarbener Bestände soll darunter nicht leiden.

Hinweise zu den Steckbriefen
In den vorangegangenen Kapiteln haben Sie allgemeines über das Wesen von Unzertrennlichen, über ihre Haltung, Pflege und Ernährung erfahren. Auf den folgenden Seiten finden Sie ausführliche Steckbriefe der einzelnen Arten mit diesen Stichwörtern:
Kennzeichen: Genannt werden die markantesten Gefiedermerkmale der jeweiligen Art, am Gefieder erkennbare Geschlechtsunterschiede, Gefiederfärbung der Jungvögel, die Gesamtlänge (von Kopf bis einschließlich Schwanz) des ausgewachsenen Vogels, und Sie finden Angaben darüber, wieviele Unterarten es von der jeweiligen Art gibt.
Verbreitung: Das Verbreitungsgebiet der einzelnen Arten.
Lebensraum: Diese Gebiete werden bevorzugt bewohnt.
Verhalten: Typische Verhaltensweisen in der Natur, die auch Rückschlüsse auf die Haltung in Menschenobhut zulassen.
Haltung: Spezielle Tips zur Haltung und Hinweise auf besondere Eigenarten der jeweiligen Art.
Zucht: Spezielle Tips für die Zucht.
Mutationen: Durch Züchtung veränderte Wildform.
Besonderes: Hinweise über die Einfuhrhäufigkeit beziehungsweise über das derzeitige Angebot im Handel.

Pfirsichköpfchen in ihrem natürlichen Lebensraum, den Savannen im nördlichen Tansania. Außerhalb der Brutzeit leben Agaporniden in kleineren Familienverbänden von 5–7 Vögeln. An günstigen Nahrungsplätzen finden sich manchmal auch Schwärme zusammen, die aus mehr als 100 Vögeln bestehen. Dennoch spielt auch im Verband der einmal erwählte Partner die wichtigste Rolle.

Agaporniden mit weißem Augenring

Dieser Gruppe gehören vier Formen an, Schwarzköpfchen *(Agapornis personata)*, Pfirsichköpfchen *(Agapornis fischeri)*, Rußköpfchen *(Agapornis nigrigenis)* und Erdbeerköpfchen *(Agapornis lilianae)*.

Gemeinsame Merkmale: Unbefiederter weißer Augenring; unbefiederter weißer Wachshautstreifen an der Basis des Oberschnabels; roter Schnabel; beide Geschlechter sehen gleich aus; große Nester mit Überdachung; Weibchen tragen das Nistmaterial mit dem Schnabel ein.

Da sich diese vier Unzertrennlichen-Arten auch in ihrem Balzverhalten sehr ähnlich sind, können sie untereinander ohne Schwierigkeiten gekreuzt werden. Außerdem liegen ihre Verbreitungsgebiete im Südosten des afrikanischen Kontinents nahe beieinander, deshalb betrachten sie heute viele Vogelkundler als Angehörige einer einzigen Art.

Schwarzköpfchen

Agapornis personata
Fotos Seite U 2, 5, 8, 13, 16, 17, 21, 25, 28, 29, 33, 36, 40, 45, 48, 49, U 3

Kennzeichen: Kopf fast schwarz, Brust gelb, sonst vorwiegend grün. Männchen und Weibchen gleich gefärbt. Das Gefieder von Jungvögeln ist matter, die Basis des Oberschnabels schwärzlich. Gesamtlänge 15 cm.
Verbreitung: In Inneren von Tansania. In Nairobi, Daressalam und Mombasa eingebürgert.

Lebensraum: Mit Akazien und Affenbrotbäumen bestandene Grassteppen bis 1700 m hoch.
Verhalten: Brüten von März bis August, oft kolonienweise, hauptsächlich in Astlöchern der Affenbrotbäume, aber auch in verlassenen Nestern von Seglern. Ernähren sich von Gras- und Kräutersamen, fallen zur Reifezeit in Mais- und Hirsefelder ein. Da sich die Verbreitungsgebiete stellenweise überschneiden, kommt es in der Natur zu Kreuzungen mit Pfirsichköpfchen.
Haltung: Vertragen sich nicht mit anderen Vögeln; beliebtes Nestbaumaterial Rinde.
Zucht: Schwieriger als die der Rosenköpfchen, aber keine besonderen Probleme. 4–5 Eier (manchmal bis 8), Brutdauer 22 Tage, Nestlingszeit 40 Tage. Erstlingsdunen orange, zweites Dunenkleid graugrün. Jungvögel mit etwa 6 Monaten ausgefärbt. Das Männchen füttert vom ersten Tag an mit die Jungen.
Mutationen: Seit 1927 gibt es blaue Schwarzköpfchen. Gelbe wurden 1935 erstmals in Kalifornien gezüchtet, weiße 1947 in Japan.
Besonderes: Ohne weiteres aus Nachzuchten erhältlich.

Pfirsichköpfchen

Agapornis fischeri
Fotos Seite U 1, U 2, 8, 13, 16, 17, 21, 25, 28, 45, 48, 49, 52/53, U 3

Kennzeichen: Stirn, Wangen und Kehle orangerot, Hinterkopf bräunlich, Brust gelblich. Oberschwanzdecken blau. Übriger Körper grün. Männchen und Weibchen gleich gefärbt. Gesamtlänge 15 cm

Verbreitung: Nördliches Tansania.
Lebensraum: Savannen der Hochländer (1000 bis 1700 m), halten sich aber auch in kultiviertem Land auf.
Verhalten: Brüten außer in Asthöhlen auch in verlassenen Nestern von Webervögeln. Brutzeit Mai bis Juli.
Haltung: Stimme weniger laut als die der Schwarzköpfchen, etwas verträglicher als diese Art.
Zucht: Etwa 6 Eier, Brutdauer 22 Tage. Nach 40 Tagen verlassen die Jungen das Nest. Sie sind mit 6 Monaten ausgefärbt. Erstlingsdunen orange, zweites Dunenkleid graugrün.
Mutationen: Gelbe Pfirsichköpfchen gibt es seit etwa 50 Jahren. Blaue wurden 1957 in Südafrika gezüchtet.
Besonderes: Ohne weiteres aus Nachzuchten erhältlich.

Rußköpfchen
Agapornis nigrigenis
Foto Seite U 3
Kennzeichen: Stirn und Oberkopf dunkelbraun mit rötlichem Anflug. Kehle und ein Teil der Vorderbrust orange. Grüne Oberschwanzdecken. Dies sind die wichtigsten Unterschiede zum Schwarzköpfchen, auf die man beim Kauf von Rußköpfchen achten muß. Wegen der häufigen Kreuzungen gibt es oft ählich gefärbte Tiere. Übriges Gefieder grün. Männchen und Weibchen gleich gefärbt. Gesamtlänge 14 cm.

Verbreitung: Südwesten von Sambia, Nordosten von Namibia und Botswana, westlichster Teil von Zimbabwe.
Lebensraum: Bewaldete Flußufer in Höhenlagen von 600 bis 1300 m. Richten in Hirsefeldern oft große Schäden an, so daß sie zeitweise von den Einheimischen in Massen gefangen werden; gefährdete Art.
Verhalten: Wenig bekannt; Beobachter berichteten, daß die Rußköpfchen morgens und abends eine Wasserstelle zum Baden aufsuchen.
Haltung: Weniger angriffslustig als Schwarzköpfchen und Pfirsichköpfchen; können in größeren Gehegen mit anderen Vögeln (Finkenartige, Wellen- und Nymphensittich) zusammen gehalten werden; auch Koloniebrut möglich.
Zucht: Wer die Art hält, sollte nachzüchten; Gelege besteht aus etwa 5 Eiern, Brutdauer 22 Tage. Junge verlassen im Alter von 36 Tagen das Nest; sie sind mit 6 Monaten ausgefärbt.
Mutationen: Bisher keine bekannt.
Besonderes: Reinrassige Vögel sind schwer zu bekommen.

Erdbeerköpfchen
Agapornis lilianae
Foto Seite U 3
Kennzeichen: Vorderkopf und Kehle orangerot, die Oberschwanzdecken im Gegensatz zum Pfirsichköpfchen grün. Übriges Gefieder grün. Männchen und Weibchen gleich gefärbt. Gesamtlänge 13 cm.
Verbreitung: Südliches Tansania, nördliches Simbabwe, östliches Sambia und nordwestliches Mozambique. Das Verbreitungszentrum ist Malawi.
Lebensraum: Immer in der Nähe von Wasser, wie den bewaldeten Flußniederungen des Sambesi.

Auch an den Ufern des Nyassasees.
Verhalten: Brüten in Astlöchern, in verlassenen Webernestern und an Hütten und Häusern. Tragen Nistmaterial wie dünne Zweige, Baumrinden- und Palmblattstreifen ein. Ernähren sich von Grassamen, Blüten, Knospen, Früchten und Samen von Bäumen. Brutzeit von Dezember bis März.
Haltung: Empfindlicher als die meisten anderen Arten. Erkälten sich leicht; dürfen keinen Temperaturen unter 10 °C ausgesetzt werden. Zur Brutzeit brauchen sie sogar mindestens 17 °C. Vertragen sich mit anderen Vögeln, wie Finkenartigen, Wellen- und Nymphensittichen recht gut; auch mehrere Paare können gemeinsam in einer Voliere gehalten werden. Als Nahrung sind Japanhirse, Senegalhirse sowie eingeweichte oder angekeimte Kolbenhirse beliebt. Zusätzlich – auch für alle übrigen Agapornidenarten geeignet – Sittichaufzuchtfutter, gehacktes, gekochtes Ei, viel Grünfutter, Beeren, Obst, Knospen und nektarreiche Blüten (beispielsweise von Robinien).
Zucht: Brutfreudige Art, aber oft nur die Hälfte des Geleges befruchtet. Hochformatnistkästen werden lieber angenommen als die waagrechten. Zucht in Gruppenhaltung empfehlenswert. Gelege bis zu 5 Eier; Brutdauer 22 Tage; Erdbeerköpfchen brüten vom ersten Tag an. Erstlingsdunen lachsrosa, zweites Dunenkleid graugrün.
Mutationen: Bisher vereinzelt gelbe und blaue Formen bekannt.
Besonderes: Selten im Handel.

Arten ohne weißen Augenring

Zu den Agaporniden ohne weißen Augenring gehören 5 Arten: Rosenköpfchen, Bergpapagei oder Taranta-Papagei, Graukövchen, Orangeköpfchen und Grünköpfchen. Die Haltung des Grünköpfchens in Menschenobhut ist bisher nicht gelungen. Allen Arten gemeinsam ist, daß die Weibchen Nistmaterial, ins Rückengefieder eingeklemmt, zum Nest transportieren.

Bergpapagei oder Taranta-Papagei.

Mutation des Rosenköpfchens.

Orangeköpfchen.

Gefleckte Mutation des Rosenköpfchens.

Verschiedene Farbspielarten des Rosenköpfchens.

Rosenköpfchen.

Links Männchen, rechts Weibchen des Grauköpfchens.

Agaporniden ohne weißen Augenring

Zu dieser Gruppe gehören fünf Formen, die zweifellos selbständige Arten darstellen. Es sind: Rosenköpfchen (*Agapornis roseicollis*), Bergpapagei beziehungsweise Taranta-Papagei (*Agapornis taranta*), Grauköpfchen (*Agapornis cana*), Orangeköpfchen (*Agapornis pullaria*) und Grünköpfchen (*Agapornis swinderniana*).

Gemeinsame Merkmale: Fehlen eines unbefiederten weißen Augenringes und die Gewohnheit, Nistmaterial ins Gefieder geklemmt in die Brutnester einzutragen.

Rosenköpfchen
Agapornis roseicollis
Foto Seite 57
Kennzeichen: Gesicht lachsrosa, Bürzelregion blau, übriger Körper grün. Schnabel hell hornfarben. Männchen und Weibchen gleich gefärbt. Jungvögel etwas blasser, Schnabelansätze sind schwärzlich; Gesamtlänge 15 cm. 2 Unterarten.
Verbreitung: Namibia, südwestliches Angola.

Lebensraum: Trockengebiete, Steppen und Savannen von den Niederungen bis in 1600 m Höhe, auch in Berghangregionen. Wasserstellen immer in der Nähe.
Verhalten: Bauen kolonieweise große überdachte Nester in Felsspalten oder unter Hausdächern, brüten auch in verlassenen Nestern anderer Vögel. Brutzeit von Januar bis März (Regenzeit). Wasserstellen werden zweimal täglich aufgesucht. Auch diese Art macht sich auf Getreidefeldern unbeliebt.
Haltung: Zu anderen Vögeln sehr aggressiv, bei Reihenvolieren doppeltes Trenngitter erforderlich. Untereinander meist verträglich. Weibchen tragen das Nistmaterial im Gefieder von Unterrücken und Bürzel ein.
Zucht: Nest kann unterschiedlich gebaut werden. Manchmal überdacht wie bei den Schwarzköpfchen; wenn wenig Nistmaterial vorhanden, wird nur der Boden des Nistkastens ausgelegt. Zerkleinern größere Blätter und Papier in gezackte Streifen von 10 cm Länge und 0,5–1 cm Breite. Manchmal wird Nistmaterial im Badenapf eingeweicht. Männchen gehen zwar ins Nest, tragen aber kein Nistmaterial ein. Balz weniger auffällig als bei den Unzertrennlichen mit weißen Augenringen. Gelege etwa 5 Eier, Brutdauer 22 Tage. Die beim Schlüpfen 3 g schweren Jungen bleiben bis zu 40 Tagen im Nest. Sie sind mit 6 Monaten ausgefärbt. Es kann vom ersten Ei, manchmal aber auch vom zweiten oder dritten Ei an gebrütet werden. Erste Dunen orangerot, zweite Dunen dunkelgrau.

Mutationen: Gelbe, pastellblaue, cremefarbene, dunkelgrüne, gescheckte und noch viele andere Mutationen. Eine der schönsten sind die kräftig gelben Golden Cherries mit ihrer roten Gesichtsmaske und dem blauen Bürzel. Alle diese Farbmutationen sind erst nach 1950 aufgetreten. Einige sind im Zoofachhandel erhältlich.
Besonderes: Von allen Unzertrennlichen am besten akklimatisiert und am leichtesten zu züchten. Jederzeit im Handel erhältlich.

Bergpapagei, Taranta-Papagei
Agapornis taranta
Fotos Seite 9, 56
Kennzeichen: Männchen mit roter Stirn, Schwungfedern und Unterflügeldecken schwarz, sonst grün. Weibchen grün mit grünen Unterflügeldecken. Schnabel bei beiden Geschlechtern rot. Alle Jungen haben Weibchenfärbung, die männlichen besitzen aber schon die schwarzen Unterflügeldecken. Gesamtlänge 17 cm. 2 Unterarten.
Verbreitung: Äthiopische Hochländer von 1300 bis 3200 m über dem Meeresspiegel.

Lebensraum: Vorwiegend Waldgebiete.
Verhalten: Lebt in kleinen Gruppen von 6–10 Tieren. Ernährt sich von Feigen und Wacholderbeeren. Brutzeit von November bis Februar. Weibchen tragen im Gefieder Blätter, Blattstreifen, Gräser und Zweigstückchen in die als Nest dienende Baumhöhle ein.
Haltung: Weniger kälteempfindlich als die übrigen Arten; leise Stimme, gewöhnen sich in Menschenobhut gut ein. Fressen mehr Sonnenblumenkerne, Hanf und Hafer als ihre Verwandten. Beeren, frische oder eingeweichte Feigen, Äpfel, Birnen, Hirse und Glanzsamen gehören zu den beliebten Futtersorten.
Weibchen recht aggressiv, verteidigen wütend ihre Bruthöhle, nur die paarweise Haltung zu empfehlen. Balzende Männchen überfliegen mehrmals ihr Weibchen, begleiten es bei ihren Kontrollen des Nistkastens, schauen ihm dabei zu oder hüpfen zwitschernd hin und her. Sobald das Weibchen den Kasten verläßt, wird es vom Männchen gefüttert. Oft bettelt das Weibchen das Männchen an. Da nur wenig Nistmaterial eingetragen wird, kann der Kasten kleiner sein als bei den anderen Arten. Im Nistkastenboden eine Mulde ausfräsen und etwas Holzmulm einlegen. Eine unangenehme Eigenschaft der Bergpapageien: Rupfen sich selbst, den Partner und die Jungen.
Zucht: Gegenseitige Sympathie von großer Bedeutung; deshalb klappt ein Zuchtversuch nicht immer. Als Nistmaterial werden Blattstückchen bevorzugt, die im Rückengefieder, Hals- und Bürzelgefieder und unter den Flügeln transportiert werden. Pro Jahr nur eine Brut. Die 3–4 Eier werden rund 25 Tage (angeblich sogar bis 29 Tage) bebrütet. Jungenentwicklung verläuft etwas langsamer als bei anderen Arten; verlassen erst nach 7–8 Wochen das Nest. Sie werden dann noch sehr lange gefüttert. Erste Dunen grauweiß, die zweiten dunkelgrau. Im Alter von etwa 100 Tagen sieht man die ersten Spuren von der roten Stirnfärbung der Männchen, erst mit 9 Monaten sind sie völlig ausgefärbt.
Mutationen: Es gibt Berichte über blaue und zimtfarbene Tiere.
Besonderes: Schon seit Jahren keine Ausfuhr aus Äthiopien mehr möglich.

Grauköpfchen
Agapornis cana
Foto Seite 57
Kennzeichen: Männchen dunkelgrüne Oberseite, gelblichgrüne Unterseite, Bauch und Kopf blaßgrau. Weibchen am ganzen Körper grün; Schnabel hornfarben. Jungvögel haben einen gelblichen Schnabel mit schwarzem Schnabelgrund. Schon bei den jungen Männchen zeigt sich die graue Kopf- und Bauchfärbung. Gesamtlänge 13 cm. 2 Unterarten.
Verbreitung: Madagaskar; auf Rodriguez, Komoren, Seychellen, Mauritius und Sansibar eingebürgert, aber nicht sicher, ob noch auf allen diesen Inseln vorhanden.

Lebensraum: Küstenflachland mit Gebüschen und lichtem Baumbestand bis in Höhen von 1000 m.
Verhalten: Leben in Kleingruppen (5–10 Vögel); suchen am Boden nach Nahrung; fallen in größeren Gruppen auf Reisfeldern ein.
Haltung: Grauköpfchen sind scheuer als andere Unzertrennliche. Weibchen sind sehr unverträglich, deshalb am besten paarweise Haltung. Kälteempfindlich (unter 10 °C nicht mehr im Freien halten!). Trockene und gekeimte Kolbenhirse ist als Futter sehr beliebt. Nistkasten wird auch außerhalb der Brutzeit zum Schlafen aufgesucht.
Zucht: Grauköpfchen brüten gerne in Nymphensittichkästen oder in querformatigen Wellensittichkästen. Rindenstücke und Blätter als Nistmaterial, das vom Weibchen im Bürzel- und Rückengefieder transportiert wird. Im Nest wird das eingetragene Material stark zerkleinert, so daß nur eine Unterlage entsteht. Manchmal trägt ein Weibchen überhaupt nichts ein, daher im Nistkasten eine Bodenmulde ausfräsen. Gelege 5–7 Eier; Brutdauer 21 Tage. Jungvögel bleiben 45 Tage im Nest und sind nach 4–5 Monaten ausgefärbt. Erstlingsdunen

schütter und gelblichweiß, zweites Dunenkleid grau. Grauköpfchen neigen dazu, in unseren Wintermonaten zu brüten.
Mutationen: Sind keine bekannt.
Besonderes: Es besteht schon seit vielen Jahren ein Ausfuhrverbot.

Orangeköpfchen
Agapornis pullaria
Foto Seite 56
Kennzeichen: Stirn und Gesicht orangerot, Bürzel hellblau, übriges Gefieder hellgrün. Beim Weibchen ist das Orange etwas blasser und etwas weniger ausgedehnt. Männchen schwarze, Weibchen grüne Unterflügeldecken. Schnabel orange, Jungvögel mattgrün mit gelblichem Kopf. Gesamtlänge 14 cm. 2 Unterarten.
Verbreitung: Von Guinea und Sierra Leone bis Südwest-Äthiopien, Uganda und Nordwest-Angola.

Lebensraum: Offenes Grasland und in lichten Wäldern bis in Höhen von 1300 m.
Verhalten: Ernähren sich von Grassamen, Beeren und Früchten und besuchen zur Reifezeit die Hirsefelder. Brüten in Termitenhügeln, häufiger aber in den Nestern baumlebender Ameisen. Weibchen gräbt Nisthöhle, legt das Innere mit Gräsern, Rindenstückchen und Grasähren locker und in dünner Lage aus. Brutzeit im Osten des Verbreitungsgebietes Mai bis Juli, im Westen September und Oktober.
Haltung: Frisch eingeführte Tiere sind sehr scheu. Sie müssen bei Temperaturen um 25 °C eingewöhnt werden. Da sie nicht in einem Nistkasten schlafen, immer für eine entsprechende Temperatur sorgen. Neben einem Gemisch aus kleinen Körnern fressen sie Obst, Ameisenpuppen und Mehlwürmer. Hanf und Sonnenblumenkerne werden kaum angenommen.
Zucht: Die besonderen Brutgewohnheiten machen Zuchtversuche nicht ganz einfach. Zwar haben Orangeköpfchen schon in Holzkästen gebrütet, doch nehmen sie eher eine Brutmöglichkeit an, die ihnen Gelegenheit zum Graben gibt. Geeignet sind Nistkästen, die mit festgestampftem Torf oder einer künstlichen Lehmwand bestückt sind. In den im Freileben benutzten Termitenbauten bleibt wegen der dicken Isolationsschicht die Temperatur in der Brutkammer ziemlich konstant auf nahezu 30 °C. Da die Altvögel häufig das Nest verlassen, würden in einem normalen Holzkasten die Jungen rasch auskühlen. Die (im Durchschnitt) 5 Eier werden 23 Tage bebrütet, die Jungen bleiben 45 Tage im Nest. Erste Dunen rosa, zweite grau. Schon im Jugendkleid sind die Männchen an den schwarzen Unterflügeldecken zu erkennen. Sie sind mit 4 Monaten ausgefärbt.
Mutationen: In Fachbüchern werden blaue und Lutino-Orangeköpfchen genannt.
Besonderes: Orangeköpfchen werden kaum noch eingeführt.

Grünköpfchen
Agapornis swinderniana
Foto Seite 4
Kennzeichen: Gelbliche Brust, schwarzes Nackenband, sonst grün. Schnabel schwarz. Beide Geschlechter sind gleich gefärbt. Gesamtlänge 13 cm. 3 Unterarten.
Verbreitung: Liberia, Kamerun, Gabun, Zaire, Uganda.

Lebensraum: Waldgebiete.
Verhalten: Halten sich vorwiegend in den Baumkronen auf. Wegen dieser Lebensweise konnten sie bis jetzt kaum einmal beobachtet und auch nur sehr selten gefangen werden. Sie fressen gerne Feigen, wurden aber wie die anderen Arten in Getreidefeldern beobachtet. Brutzeit um den Monat Juli in Termitennestern auf Bäumen oder in Baumhöhlen.
Besonderes: Vereinzelt wurden Grünköpfchen eingeführt, sie haben aber nie die Quarantäne überlebt.

Aus Liebe und Verantwortung

Heimtiere machen nicht nur Kindern, sondern der ganzen Familie viel Freude. Und ob Hund, Hamster oder Wellensittich – wer sich einmal an den kleinen Liebling gewöhnt hat, möchte ihn nicht mehr missen. Deshalb ist es wichtig, über die Bedürfnisse der Tiere wirklich Bescheid zu wissen. Die **GU Tier-Ratgeber** – von anerkannten Autoren geschrieben – sind ideal als Helfer bei der artgerechten Haltung mit Herz und Verstand. GU Ratgeber gibt es zu allen beliebten Tierarten. Sie sind auch für Kinder geeignet, die ihr Tier selbst versorgen wollen.

Mehr draus machen. Mit GU.

Arten- und Sachregister

Die **halbfett** gesetzten Seitenzahlen verweisen auf Farbfotos und Zeichnungen. U = Umschlagseite.

Agaporniden
– mit weißem Augenring 54, **64**, **U3**
–, nachgezüchtete 9
– ohne weißen Augenring 56, 57, 58
Agapornis cana 4, 51, **57**, 59
Agapornis fischeri **U1**, **U2**, 4, **8**, 9, **13**, **16**, **17**, **21**, **25**, 28, **45**, **48**, 49, 50, 51, **52/53**, 54, **U3**
Agapornis lilianae 4, 10, 51, 55, **U3**
Agapornis nigrigenis 4, 10, 51, 55, **64**
Agapornis personata **U2**, 4, **5**, **8**, 9, **13**, **16**, **17**, **21**, **25**, 28, 59, 36, 40, **45**, **48**, 49, 50, 51, 54, **64**, **U3**
Agapornis pullaria 4, 51, **56**
Agapornis roseicollis 4, 9, 50, 51, **56**, **57**, 58
Agapornis swinderniana 4, **4**, 60
Agapornis taranta 4, 51, **56**, 58
Alter 7, 11
– bei der Zucht 39
Artenschutzübereinkommen
–, Washingtoner 9
Askariden 37
Atmungsorgane
–, Erkrankungen der 35
Aufzucht
– der Jungen 44
–, künstliche 43, **43**
Augen 11
Außenparasiten 35

Badegefäß 19
Bergpapagei 4, **56**, 58
Beschäftigung 24
Bodenschale 14
Brut 41

Capillaria 37
CITES-Bescheinigung 9, 10
Coccidien 37

Darmkrankungen 35

Eiablage 41
Eier **41**, 49, 50
Einfangen
– im Freien 24
– in der Wohnung 22
Eingewöhnung 20
Erdbeerköpfchen 4, 10, 51, 55, **U3**

Ernährung 27
Ernährungszustand 11

Fähigkeiten 47
Federlinge 37
Federrupfen 38
Feinde
–, natürliche 50
Fichtensamen 29
Flugfähigkeit 6
Fortpflanzung 39
Freiflug 22
Freisitz 19, **19**
Frischkost 30, 33
Fuß 6
Fußring 10
Futter
–, Aufzucht- 33, 44
-gefäße 18
–, Grün- 32
–, Körner- 28, 29, 33
-napf 27
–, verdorbenes 27
Fütterung der Jungen 44

Gefahren 23, **23**
Gefieder 6, 11
Gefiederpflege **2**, **26**
–, gegenseitige 47
Gemüse 30, 31, **31**, 32, 33
Geschlechtsbestimmung **11**, 12
Gesundheitszustand 11
Gewöhnen
–, aneinander 20
Grauköpfchen 4, 51, **57**, 59
Grünköpfchen 4, **4**, 60

Haarwürmer 37
Hafer 29
Haltung 9, 20
–, Einzel- 9
– in der Schar 9
–, paarweise 9
Handaufzucht 43, **43**
Hanf 29
Heimtiere
–, andere 8

Infrarotlampe 34, 35
Innenparasiten 37

Jungvögel 43, **43**, 44, **44**

Käfig 8, 14
-ausstattung 18
-gitter 14
-größe 14
-material 14
–, Transport- 12
-tür 14

Kardisaat 29
Kauf 9, 10
–, Alter beim 11
-vertrag 10
Keimsilo 30, **30**
Kletterbaum 18, **18**
Körner 29
–, gekeimte 30
Körperpflege
–, soziale 47, 49
Krallen
–, fehlende 11
– schneiden 34
– zu lange 37
Krankheiten 34
Kräuter **31**

Lebensraum
–, natürlicher 47
Legenot 38
Leinsamen 29
Luftfeuchtigkeit 17

Mauser 32, 38
Meldepflicht 10
Mineralstoffe 32

Nachwuchs 39
Nahrung
– aufnehmen 46
–, Grund- 27
–, Körner- 28, 29
–, natürliche 27
–, verdorbene 27
Negersaat 29
Nest 50
Nestbau 12, 41, **47**, 50
Nistkasten 19, 35, 42, **42**
Nistmaterial 24, 26, 41, 42

Obst 30, 31, **31**, 32, 33
Orangeköpfchen 4, 51, **56**, 60

Paarbindung 4, 7
Paare
–, gleichgeschlechtliche 49
Paarung **39**, 41, 49
Papageienkrankheit 38
Partnerfüttern **6**, 49
Pfirsichköpfchen **U1**, **U2**, 4, **8**, 9, **13**, **16**, **17**, **21**, **25**, 28, **45**, **48**, 49, 50, 51, **52/53**, 54, **U3**
Pflege 20, 24, 26

Rosenköpfchen 4, 9, 50, 51, **56**, **57**, 58
Rußköpfchen 4, 10, 51, 55, **64**

Schlafkasten 19, 21, 26
Schlüpfen 44
Schnabel 4
–, zu langer 37
Schwarzköpfchen **U2**, 4, **5**, **8**, 9, **13**, **16**, **17**, **21**, **25**, 28, **29**, 33, 36, 40, **45**, **48**, **49**, 50, 51, 54, **64**, **U3**
Sitzäste für Wohnung 22
Sitzstangen **14**, 18, **22**
Sonnenblumenkerne 29
Spitzsaat 29
Sprachbegabung 7
Spulwürmer 37
Standort für
– Käfig 16
– Voliere 16
Stimme 6, 8

Taranta-Papagei 4, 51, **56**, 58
Temperatur 17
Transport 12
Trinkautomat **32**
Trinken **50**

Unterbringung 14
Urlaubsbetreuung 26

Verhalten 20, 46
–, aggressives 7, 20
–, soziales 48
Verletzungen 23, **23**
Versorgung
–, tägliche 8
Vitamine 32
Vogelmilbe
–, rote 35
Vogelsand 19, 32
Voliere 8
–, Garten- 15, 20
–, Zimmer- 14, **15**
Volieren
-bau 15, 16
-boden 16
-gitter 16
-rahmen 16

Wasser 32, 33
Weizen 29
Wesen 6
Wildpflanzen 31

Zimmerpflanzen 22
Zucht
-genehmigung 39
–, Papageien- 39
–, Probleme bei der 44
-tiere 39
-vorbereitungen 40
Zunge 6

Adressen, die weiterhelfen

Vereine
AZ (Vereinigung für Artenschutz, Vogelhaltung und Vogelzucht), Postfach 1168, 71501 Backnang.

Zoologische Gesellschaft Österreichs, Vivarium/Haus des Meeres, Esterhazypark 6, A-1060 Wien.

Fragen zur Tierhaltung beantwortet:
Ihr Zoofachhändler oder der Zentralverband Zoologischer Fachbetriebe Deutschlands e.V.; 63225 Langen, Tel. (06103) 910732 (nur telefonische Auskunft möglich).

Bücher und Zeitschriften, die weiterhelfen

Bücher
Delpy, K. H.: *Volieren. Planung, Bau und Einrichtung.* Landbuch Verlagsgesellschaft, Hannover.
Hahn, U.: *Vogelkrankheiten.* Verlag M. und H. Schaper, Hannover.
Wolter, A.: *Papageien richtig pflegen und verstehen.* Gräfe und Unzer Verlag, München.

Zeitschriften
AZ-Nachrichten. Vereinigung für Artenschutz, Vogelhaltung und Vogelzucht (AZ), e. V., Backnang.
Die Gefiederte Welt. Eugen Ulmer Verlag, Stuttgart.
Die Voliere. Verlag M. und H. Schaper, Alfeld/Leine.
Gefiederter Freund. Dorfstrasse 23, CH-3364 Seeberg.
Papageien. Arndt Verlag, Bretten.

Der Autor
Dr. Kurt Kolar befaßt sich als Zoologe und Verhaltensforscher schon seit vielen Jahren mit der Haltung und Zucht verschiedener Papageienarten. Er ist Vorsitzender der Zoologischen Gesellschaft Österreichs und außerdem aktiv im Tierschutz tätig. Zu seinem Hauptanliegen gehört es, über die Haltungsansprüche unserer Heimtiere zu informieren. Dr. Kolar ist Kurator für Säugetiere am Wiener Tiergarten Schönbrunn.

Dank
Autor und Verlag danken dem Tierarzt Klaus Stark für die Durchsicht des Kapitels »Was tun, wenn ein Vogel krank wird?«

Wichtige Hinweise:
In diesem Buch geht es um die Haltung und Pflege von Agaporniden.
Menschen, die an einer Federbeziehungsweise Federstauballergie leiden, sollten keine Vögel halten. Fragen Sie im Zweifelsfall vor der Anschaffung den Arzt. Beim Umgang mit Agaporniden können Verletzungen durch Beißen oder Kratzen vorkommen. Lassen Sie solche Verletzungen sofort vom Arzt versorgen. Die »Papageienkrankheit« (Psittacose, Ornithose) tritt heute bei Agaporniden sehr selten auf (→ Seite 38), aber sie kann bei Menschen und Agaporniden zum Teil lebensgefährliche Krankheitserscheinungen hervorrufen. Gehen Sie deshalb im Zweifelsfall mit dem Vogel zum Tierarzt (→ Seite 38), suchen Sie bei Erkältungs- und Grippeerscheinungen unbedingt selbst den Arzt auf und weisen diesen auf die Vogelhaltung hin.

Die Fotos auf dem Buchumschlag
Umschlagvorderseite: Pfirsichköpfchen.
Umschlagseite 2: Zwei Pfirsichköpfchen und ein Schwarzköpfchen.
Umschlagseite 3: Arten mit weißem Augenring.
Umschlagrückseite: Zwei Schwarzköpfchen und ein Pfirsichköpfchen.

Die Fotografen:
Hoppe: Seite 4; Jacana/Denis-Huot: Seite 52/53; Reinhard: Seite 57 u. re.; Scholtz: Seite 9, 56 o. re., 56 u. li., 56 u. re., 64 o., 64 u.li., 64 u. re.; Silvestris/Sunset: Seite U3 re. o.; Anders: alle übrigen Fotos.

© 1992 Gräfe und Unzer Verlag GmbH, München
Aktualisierte und neugestaltete Ausgabe
Alle Rechte vorbehalten. Nachdruck, auch auszugsweise, sowie Verbreitung durch Film, Funk und Fernsehen, durch fotomechanische Wiedergabe, Tonträger und Datenverarbeitungssysteme jeder Art nur mit schriftlicher Genehmigung des Verlages.

Redaktionsleitung: Hans Scherz
Stellvertretende Redaktionsleitung: Renate Weinberger
Redaktion: Gabriele Linke-Grün
Herstellung: Karl Schaumann
Produktion: Johannes Schmidt-Thomé
Umschlaggestaltung:
Heinz Kraxenberger
Satz: Typodata GmbH, München
Repro: Dörfel
Druck und Bindung: Stürtz

ISBN 3-7742-1493-X

Auflage 7. 6. 5.
Jahr   99 98 97

Arten mit weißem Augenring

Den Agaporniden mit weißem Augenring gehören 4 Formen an: Schwarzköpfchen, Pfirsichköpfchen, Rußköpfchen und Erdbeerköpfchen. Da sie sich in ihren Verhaltensweisen sehr ähnlich sind, können sie ohne weiteres untereinander gekreuzt werden. Schwarzköpfchen und Pfirsichköpfchen vermehren sich in der Obhut des Menschen recht problemlos und werden deshalb häufig im Zoofachhandel oder von Züchtern zum Kauf angeboten.

Rußköpfchen.

Blaue Mutation des Schwarzköpfchens.

Schwarzköpfchen.